中国政策性农业保险对农产品出口的影响研究

冯 馨 著

中国商务出版社
CHINA COMMERCE AND TRADE PRESS

图书在版编目（CIP）数据

中国政策性农业保险对农产品出口的影响研究 / 冯馨著 . -- 北京 : 中国商务出版社 , 2019.12
　ISBN 978-7-5103-3177-0

　Ⅰ . ①中… Ⅱ . ①冯… Ⅲ . ①农业保险 – 影响 – 农产品 – 出口贸易 – 研究 – 中国 Ⅳ . ① F752.652

　中国版本图书馆 CIP 数据核字 (2019) 第 276938 号

中国政策性农业保险对农产品出口的影响研究

Study on the Effect of China's Policy Agricultural Insurance on the Export of Agricultural Products

冯馨　著

出　　版：中国商务出版社
地　　址：北京市东城区安定门外大街东后巷 28 号　　邮　　编：100710
责任部门：国际经济与贸易事业部（010-64269744　bjys@cctpress.com ）
责任编辑：张高平　李彩娟
总 发 行：中国商务出版社发行部（010-64266119　64515150 ）
网购零售：010-64269744
网　　址：http://www.cctpress.com
邮　　箱：cctp@cctpress.com
排　　版：贺慧蓉
印　　刷：北京建宏印刷有限公司
开　　本：787 毫米 ×980 毫米　1/16
印　　张：11.75　　　　　　　　字　　数：168 千字
版　　次：2019 年 12 月第 1 版　　印　　次：2019 年 12 月第 1 次印刷
书　　号：ISBN 978-7-5103-3177-0
定　　价：55.00 元

前　言
Preface

　　我国是传统的农业大国，农产品出口一直是我国对外贸易的重要组成部分，对推动现代农业和经济的发展都起到了十分重要的作用。但农业是低产值高风险的产业，种植业、畜牧业、水产养殖业和林业的生产在很大程度上受制于自然条件，要经受无法预见、无法避免和无法克服的农业风险的影响。我国农业风险具有种类多、范围广、区域性和季节性等特征。农业风险造成的灾害损失往往是以灾害事故作为载体，例如：旱灾、洪涝、冻灾以及牲畜的一般性和传染性疾病风险等。每一次灾害事故的发生，都会给农业的生产经营造成或多或少的损失，而巨灾大难甚至会造成农业绝收。农业风险造成的灾害损失会严重影响农业的生产和经营，相应地对农产品贸易也会造成不利影响。

　　对于潜在的农业风险，可以事先采取一系列防范性措施，以尽量减少风险的发生机率、降低风险的危害程度。但若农业风险的产生是无法防范或避免的，就要借助更为有效的风险控制手段——农业保险。对于国家或政府而言，农业保险制度是国家促进农业发展和减少农民收入波动的有效政策工具。对于农业生产者来说，农业保险具有经济补偿功能，使农业生产者能在遭受自然灾害时获得损失补偿，减少农业生产者的实际损失，帮助他们在灾难发生后尽快恢复生产。国际经验表明，从19世纪末到20世纪初，在保险业发达的美国和加拿大等国家，先后有数家私人保险公司从事商业性农业保险业务。由于农业风险的特殊性、农业保险保费较低、赔付率较高以及投保和理赔环节的困难等原因，商业性农业保险的实施难度特别大，最终都以失败而告终。所以农业保险的经营需要政府的财政补贴来提高参保率,实现政府的政策目标,正是政策性农业保险所要承担的责任。

近年来,我国政府对政策性农业保险制度建设高度重视。2004至2019年连续十多年的中央一号文件和其他相关文件都强调要建立并积极发展政策性农业保险。2007年,我国中央财政开始实施农业保险保费补贴政策,翻开了我国政策性农业保险发展的新篇章。经过十年多的发展,农业保险保费收入迅速增长至2018年的572.65亿元。

政策性农业保险的保费补贴在世界贸易组织"绿箱"政策允许的范围之内,符合世界贸易组织的相关规定。政策性农业保险能为农业提供较全面的风险保障,能提高农业经济的稳定性,是一个能有效支持和保护农业的政策工具。发展中国家可以对农业保险给予法律、经济、行政等方面的政策扶持,以达到支持农业发展的目的,而不必担心被国际社会指责扭曲了生产和价格。

本书正是在这样的大背景下,集中探讨中国政策性农业保险对农产品出口的影响,目的是深入了解我国是否已经充分利用这一合规的"绿箱"政策来促进农产品贸易。为此,需要具体考察政策性农业保险对农产品出口贸易规模的政策效应,及其对农产品出口竞争力的影响,进而提出如何利用政策性农业保险更好地服务于农产品出口。这对解决我国农产品贸易中存在的贸易逆差、出口贸易结构不合理、出口市场相对集中、贸易竞争力弱等诸多问题提供了借鉴参考,具有十分重要的现实意义。

本书不仅从理论上系统分析了政策性农业保险对农产品产量、农产品出口贸易规模和出口竞争力的影响机理,还特意采用了动态面板模型（GMM）、双重差分方法（DID）和倾向匹配双重差分方法（PSM-DID）等国际上先进的实证方法,来评估政策性农业保险对我国农产品出口的政策效应。本书最后提供了一个建设性思路和实践模式,即:充分利用世界贸易组织的相关规则并借鉴国外先进经验,构建适合我国国情的政策性农业保险体系,提升农产品出口竞争力。

冯　馨
2019年11月

摘　要
Summary

　　农业是关系国计民生的重要产业，不仅能为民众提供必需的生活资料，也能为工业提供必要的生产资料。因此，世界各国都十分重视农业发展。促进农业发展一直以来都是中国的重要国策之一。2015 年 12 月，中共中央农村工作会议首次提出要着力加强农业供给侧结构性改革。2018 年 9 月中共中央、国务院印发《乡村振兴战略规划（2018—2022 年）》，再次强调要完善农业支持保护制度和构建农业对外开放新格局。习近平总书记 2018 年 9 月在黑龙江视察时特别强调："中国人要把饭碗端在自己手里，而且要装自己的粮食。"这说明，不断深入研究和解决农业问题是政府之所急、百姓之所盼。

　　农业在生产经营活动中面临着自然、经济和社会等诸多风险。当风险爆发时，各国应对措施十分有限，农业保险作为事后风险管理措施就显得非常重要了。由于农业风险的特殊性以及投保和理赔环节的困难，商业性农业保险的实施难度特别大，所以农业保险的运营需要政府的财政补贴来提高参保率，实现政府的政策目标。这正是政策性农业保险所要承担的责任。政策性农业保险的保费补贴在世界贸易组织农业贸易规则——"绿箱"政策允许的范围之内，也符合"不可申诉性补贴"规则。自加入 WTO 以来，中国农业开放水平不断提高，但农产品贸易长期处于逆差状态。政策性农业保险对农产品出口贸易的影响到底如何，值得深入研究。从影响机理来看，农业生产是农产品出口贸易的基础，农产品出口贸易是农业生产的延伸。政策性农业保险是一项支农惠农政策，能提高农业生产、促进农产品出口贸易。一是通过分散农业风险，增加获得农业保险保费补贴的农产品产量；二是通过改变农民生产决策，增加农产品产量；三是政策性农业保险的保费补贴属于政策性生产补贴范畴，能稳定价格，从而有利于农产品出口贸易的增长。

基于2006至2016年中国31个省（市、区）的面板数据，采用倾向匹配得分双重差分方法（PSM-DID），对实施政策性农业保险给农业生产带来的影响进行实证研究，采用人均农林牧渔业增加值作为被解释变量，使用最近邻匹配、核匹配和半径匹配方法来对研究样本进行匹配。为了进一步消除一些未被纳入研究或不容易观测到的因素对农业生产造成的影响，在使用倾向匹配得分方法（PSM）对数据处理之后，采用双重差分方法（DID）来分析政策性农业保险的实施对农业生产的净影响。研究结果表明，政策性农业保险的实施对人均农林牧渔业增加值的增长具有显著的正向影响。

基于2006至2015年中国31个省（市、区）的面板数据和采用动态面板模型，分时段初步验证政策性农业保险的实施对中国农产品出口规模的影响。实证结果表明，各省（市、区）在政策性农业保险实施之前，农业保险深度对农产品出口贸易的影响并不显著，而实施政策性农业保险之后，农业保险深度对农产品出口规模才产生显著的影响。说明政策性农业保险的实施能有效带动农产品出口规模的扩大。基于出口对象国和地区的相关面板数据和采用扩展的引力模型来初步验证政策性农业保险对我国农产品出口的影响。实证结果表明政策性农业保险整体上对农产品出口贸易产生了积极影响，而且贸易伙伴国和地区的人均国内生产总值也对我国农产品出口贸易产生正向影响，而我国与贸易伙伴国和地区之间的地理距离则阻碍了我国农产品出口贸易，汇率水平对我国农产品出口贸易的影响并不明显。

为了进一步考察政策性农业保险的实施对农产品出口贸易的影响深度和广度，基于2006至2016年中国31个省（市、区）的面板数据，通过双重差分方法实证分析了实施中国政策性农业保险对省际农产品出口规模的影响。通过研究发现，政策性农业保险的实施总体上对农产品出口规模的扩张具有促进作用。平行趋势假设检验和"反事实"检验都成立，说明政策性农业保险的实施真实地推动了农产品出口规模的增长。关于分地区的研究结果显示，实施政策性农业保险对西部地区的农产品出口规模的影响较显著，而对东部地区和中部地区的农产品出口规模的影响并不显著。政策性农业保险的实施对粮食主产区农产品出口规模影响的显著程度高于非粮食主产区。关于分产品的研究结果显示，政策性农业保险的实施对种植业农产品出口规模有显著的促进作用，而对养殖业农产品出口规模并没有显著的影响。基于 2006 至 2016 年中国 31 个省（市、区）的面板数据，通过倾向匹配得分双重差分方法（PSM-DID）实证研究中国政策性农业保险的实施对省际农产品出口种类的影响，用农产品出口扩展边际来衡量农产品出口种类。研究结果表明，中国政策性农业保险的实施无法增加农产品的出口种类。

之前的实证分析表明政策性农业保险的实施整体上促进了农产品出口规模的扩大，有必要继续验证政策性农业保险的实施对农产品出口竞争力的影响情况。采用 2006 年至 2016 年中国 31 个省（市、区）的面板数据，通过倾向匹配得分双重差分方法（PSM-DID）评估政策性农业保险的实施对农产品出口竞争力的影响。研究结果显示政策性农业保险的实施不仅对中国农产品贸易竞争力指数没有显著的影响，而且对净出口显性比较优势指数也没有产生显著的影响。因此得出结论，现阶段实施政策性农业保险无法提升中国农产品的出口竞争力。

综上所述，政策性农业保险的实施与人均农林牧渔业增加值存在正相关关系，这与农业供给侧结构性改革目标是一致的。无论是采用动态面板模型还是双重差分模型，实证结果都表明政策性农业保险的实施与农产品出口规模存在着正相关关系。但是政策性农业保险的实施无法增加农产品的出口种类，与农产品贸易竞争力指数、净出口显性比较优势指数均没有显著关系。由此说明目前中国政策性农业保险的实施，虽然对农业生产以及出口规模有显著促进作用，但在提升农产品出口竞争力方面作用不明显。主要原因在于：虽然中国农产品出口规模不断扩大，但因国内市场需求旺盛，农产品进口规模增长更快，而贸易竞争力指数和净出口显性比较优势指数均考虑的是双向贸易因素，因而实证结果会出现影响不显著的结论。但从政策性农业保险的实施可以提升人均农林牧渔业增加值来看，如果继续加大对政策性农业保险的支持力度，长期内一定能提升农业的出口竞争力。对此问题的深入研究，需要今后不断努力。

根据以上研究结论，本书提出了以下政策建议：加强农业保险法律建设，保障政策性农业保险规范运行；实施差异化农业保险保费补贴政策，培育农业出口大户；推动农业保险产品和服务创新，提升农产品出口竞争力；将政策性农业保险制度与农产品认证制度相结合，提高农产品出口质量；实施特色农产品保险制度，推动特色农产品出口。

目 录
Contents

第 1 章
绪论

第 2 章

理论依据与文献综述

第 3 章

政策性农业保险对农业生产及出口的影响机理

第4章

中国政策性农业保险对农业生产及出口影响的初步验证

第 5 章
中国政策性农业保险对农产品出口贸易影响的进一步验证

第 1 章

绪 论

1.1 研究背景与研究意义

1.1.1 研究背景

农业是保障国民经济运行与稳定的基础性产业，是一些生产的重要条件。农业具有受自然因素影响大、生产周期长、受市场因素制约和技术革新缓慢等特性。农业面临着自然风险、经济风险、社会风险和农业技术风险在内的各种风险，而且各种风险之间也存在着较强的关联性，最终的农业损失可能是多种风险事故的综合结果。例如洪涝灾害等自然风险不仅会直接影响到农产品的产量，还会影响农产品的质量，从而导致市场供求失衡以及价格波动，最终加大市场风险。

中国幅员辽阔，是一个自然灾害易发国家。各地区面临的主要自然灾害不同，风险类型、风险频率和风险强度也各不相同。例如，中国长江和黄河流域容易受到水涝灾害；高纬度地区多严寒天气，农作物容易受低温、雨雪和冰冻灾害；西北地区风沙大和降水量少，更容易遭受旱灾。2017年和2018年，中国受到各种自然灾害影响的人数分别为1.4亿人、1.3亿人，农作物受灾面积分别为18478.1千公顷、20814.3千公顷，其中绝收面积分别为1826.7千公顷、2585千公顷，直接经济损失分别为3018.7亿元、2644.6亿元。[1][2]

就农业灾害来说，事前、事中和事后的风险管理措施都十分重要。事前主要是采取预防措施，多数是农户自发的防损行为，例如多样化种植和增加非农收入等。事中措施主要包括田间管理和抗病虫害技术应用等。

---

[1] 民政部国家减灾办.民政部国家减灾办发布2017年全国自然灾害基本情况[EB/OL].中华人民共和国民政部/新闻中心/民政要闻.[2018-02-01].
http://www.mca.gov.cn/article/xw/mzyw/201802/20180215007709.shtml.

[2] 叶昊鸣.2018年各类自然灾害共造成全国1.3亿人次受灾[EB/OL].新华网.[2019-01-08].http://www.xinhuanet.com/politics/2019-01/08/c_1210033241.htm.

但如果灾害损失是无法避免的，那么就应该重视事后的风险管理措施。比较有效的事后风险管理手段是农业保险。在微观层面上，农业保险一方面能使农业生产者在灾后获得相应的经济补偿，帮助其恢复农业生产；另一方面，能提高农业生产者的偿债能力和信贷地位，增强农业生产者防灾抗灾能力，有利于稳定农业生产，促进农业生产技术的提高。在宏观层面上，农业保险能及时有效地筹集和建立农业风险基金，补偿农业灾害造成的损失。农业保险能最大限度地减少农业风险对农业生产的不良影响，是农业再生产的重要保障，有利于稳定农产品出口及提高农产品的国际竞争力。

政策性农业保险是WTO所允许的"绿箱"政策之一。历史经验表明只有政府补贴的农业保险产品才能被广泛采用。目前全球已有140多个国家开展了农业保险业务，政策性农业保险已成为各国保护农业的重要政策工具之一。进入21世纪以来，世界各国加大了对农业保险的支持力度，比如部分承担农业保险的启动成本及经营管理费用，减少或免除商业保险公司税收，给予低收入农户农业保险保费补贴，主动承担超额损失赔偿等。这些农业保险形式实质上都属于政策性农业保险范畴。美国和日本等发达国家也十分重视对农业保险的支持力度。2014年美国颁布的农业法案，把近50亿美元的直接补贴项目撤销，更改为支持农业保险计划，这表明美国越来越重视对农业保险的支持。美国农业保险的覆盖面较广，联邦政府为130多项农作物和畜牧产品保险提供补贴。美国新农业法案对农业保险的支持在一定程度上促进了美国农产品国际贸易，能使美国在与其他竞争对手谈判时取得优势地位。日本通过安排政府预算中的资金和农户支付的保险费，实施农业保险补贴，以规避自然因素对农业带来的冲击。

政策性农业保险是中国继取消农业税、实施粮食直补、免收农村义务教育学杂费后又一项重要的惠农政策。近年来，中国政府对政策性农业保险制度建设高度重视。2004年至2019年，中央一号文件都强调要大力发展政策性农业保险。但是，中国正式开始实施农业保险保费补贴试点（中央财政支持的）是在2007年。此后保费不断上涨，保险品种不断增加以及保障范围不断扩大，保险的经营主体也逐步增多。2007年至2018年的12年间农业保险保费收入增加了10倍多，从53.33亿元增长到 572.65 亿元，提供的风险保障也由 1126 亿元增加到 3.46 万亿元。[①②]
农业保险承保的主要农作物面积从 2007 年的 2.3 亿亩增加到 2017 年的 21
亿亩。因此，中国应充分利用农业保险这一"绿箱"政策来支持和保护农业，
促进农产品出口贸易的持续增长，有效提高农产品的国际竞争力。

1.1.2　研究意义

本研究的核心内容是政策性农业保险对一国农产品出口的影响，并以
中国为例进行实证分析。这一研究的理论意义在于：在一定程度上可以丰
富和发展幼稚产业保护理论和产业国际竞争力理论。很多国家对农业进行
强有力的保护，大多依据的是幼稚产业理论，把农业作为幼稚产业保护也
符合 WTO 规则。从幼稚产业保护理论及规则来研究政策性农业保险对一
国农产品出口的影响，能够丰富幼稚产业保护理论的研究领域。此外，政
府政策支持对具体产业出口竞争力影响的实证研究成果还不多见，本研究
运用中国省际面板数据对该问题进行了较为详细的分析，以期丰富产业国
际竞争力理论。

本研究的现实意义主要有两点：一是通过对中国政策性农业保险实施
效果的实证研究，对农业供给侧结构性改革及乡村振兴战略等国家重大农
业发展政策提出一些决策参考；二是对中国如何缓解农产品贸易逆差、增
强农产品出口竞争力提出一些有效的对策建议。

虽然政策性农业保险自试点以来对农业发展产生了促进作用，但是实
施过程中还存在保障范围较窄、保障水平偏低和推广缓慢等问题，因此现
阶段还无法真正满足农业发展的实际需求。那么，目前中国政策性农业保
险实施效果如何？今后将如何调整和创新？此类问题的探讨，对于农业灾
害频发的中国来说尤为重要和紧迫。

---

① 中国保险监督管理委员会 .2017 年保险统计数据报告 [EB/OL]. 中国保险监督管理
委员会 / 统计数据 / 保险统计数据报告 . [2018-03-06].
http://bxjg.circ.gov.cn/web/site0/tab5179/info4101484.htm.
② 中国保险监督管理委员会 .2018 年保险统计数据报告 [EB/OL]. 中国保险监督管理
委员会 / 统计数据 / 保险统计数据报告 . [2019-01-29].
http://xizang.circ.gov.cn/web/site0/tab5168/info4132154.htm.

加强农业供给侧结构性改革是中央农村工作会议（2015年12月24日至2015年12月25日）首次提出的。2017年，中央一号文件强调要深入推进农业供给侧结构性改革，破解农业发展中的一些矛盾。政策性农业保险是国家的一项支持农业发展的重要政策工具，当前需要考察政策性农业保险是否能将农业供给侧结构性改革落到实处。从众多农业供给侧结构性问题研究视角来说，政策性农业保险无疑是一个不可或缺，并且极其重要的政策视角。

国务院公布的《中共中央国务院关于实施乡村振兴战略的意见》（2018年2月4日）、中共中央、国务院印发的《乡村振兴战略规划（2018—2022年）》（2018年9月）对"三农"工作做出了重大决策部署。2019年全国两会期间，习近平总书记在参加河南代表团讨论时再次提及乡村振兴战略，特别强调要扛稳粮食安全这一重任，要推进农业供给侧结构性改革，不断提高农业质量效益和竞争力。政策性农业保险作为农业和农村振兴的一项重要政策工具，需要多角度评估和研究其政策效应。

当前中国农产品贸易存在较大逆差，出口竞争力也有待于进一步提高。2018年中央一号文件提出了构建农业对外开放新格局的要求，强调要深化与"一带一路"沿线国家和地区农产品贸易关系。[1]

2019年国务院《政府工作报告》强调："抓好农业特别是粮食生产。近14亿中国人的饭碗，必须牢牢端在自己手上。"[2]

本书将探讨政策性农业保险对农产品出口的影响，以及对不同农产品出口和不同地区农产品出口的影响，并进一步探讨其对农产品出口竞争力的影响。根据研究结果探究缓解农产品贸易逆差和提升农产品出口竞争力的相关政策，尤其是政策性农业保险的改进方向，以期为政府决策提供参考。

---

[1] 中华人民共和国中央人民政府.中共中央国务院关于实施乡村振兴战略的意见[EB/OL].中央政府网站/政策/中央有关文件.[2018-02-04].
http://www.gov.cn/zhengce/2018-02/04/content_5263807.htm.
[2] 中华人民共和国中央人民政府.2019年政府工作报告[EB/OL].中央政府网站.
[2018-03-16].http://www.gov.cn/premier/2019-03/16/content_5374314.htm.

1.2 研究内容与结构安排

1.2.1 研究内容

从影响机理来看，政策性农业保险是一项支农惠农政策，能促进农业生产。一是通过分散农业风险，增加获得农业保险保费补贴的农产品的产量。二是通过改变农民生产决策，提高农产品的产量。政策性农业保险的保费补贴属于农业"绿箱"补贴的范畴，符合 WTO 的补贴规则和贸易规则，有利于促进农产品出口贸易的增长。

基于 2006 年至 2016 年中国 31 个省（市、区）的面板数据，采用倾向匹配得分双重差分方法，实证研究政策性农业保险的实施对农业生产的影响。研究结果表明政策性农业保险的实施对人均农林牧渔业增加值产生了显著的正向影响。

基于 2006 年至 2016 年中国 31 个省（市、区）的面板数据并采用动态面板模型来分时段初步验证政策性农业保险对中国农产品出口规模的影响。实证结果表明各省（市、区）在实施政策性农业保险之前，农业保险深度对农产品出口贸易额的影响并不显著。而实施政策性农业保险之后，农业保险深度对农产品出口贸易额才产生显著的影响。说明政策性农业保险的实施能有效带动农产品出口贸易规模的增长。

基于 2002 至 2016 年 50 个国家和地区的面板数据和采用扩展的引力模型来初步验证政策性农业保险对我国农产品出口贸易的影响。实证结果表明政策性农业保险整体上对农产品出口贸易产生了积极影响。

为了进一步考察政策性农业保险对农产品出口贸易的影响。一是基于 2006 年至 2016 年中国 31 个省（市、区）的面板数据，通过双重差分方法实证研究证明中国政策性农业保险的实施总体上对省际农产品出口规模的增长具有促进作用。实证结果通过了平行趋势假设检验和"反事实"检验，说明政策性农业保险的实施真实地推动了农产品出口贸易的发展。二是用 2006 年至 2016 年中国 31 个省（市、区）的面板数据，通过倾向匹配得分双重差分方法（PSM-DID）分析得出政策性农业保险的实施对农产品出口种类没有显著的影响。

之前的实证分析证明政策性农业保险整体上促进了农产品出口规模的增长。有必要继续验证政策性农业保险对农产品出口竞争力的影响问题。本书采用 2006 年至 2016 年中国 31 个省（市、区）的面板数据，通过倾向匹配得分双重差分方法评估政策性农业保险的实施对农产品出口竞争力的影响。研究结果显示政策性农业保险的实施不仅对中国农产品贸易竞争力指数没有产生显著的影响，而且对净出口显性比较优势指数也没有产生显著的影响，因此表明现阶段政策性农业保险的实施无法提升中国农产品的出口竞争力。

根据研究结果提出相关的政策建议，诸如：加强农业保险法律建设，保障政策性农业保险规范运行；实施差异化农业保险保费补贴政策，培育农业出口大户；推动农业保险产品和服务创新，提升农产品出口竞争力；将政策性农业保险制度与农产品认证制度相结合，提高农产品出口质量；实施特色农产品保险制度，推动特色农产品出口。

1.2.2 结构安排

本书共分为七章：绪论、理论依据与文献综述、政策性农业保险对农产品生产及出口的影响机理、中国政策性农业保险对农业生产及出口影响的初步验证、中国政策性农业保险对农产品出口影响的进一步验证、中国政策性农业保险对农产品出口竞争力的影响、结论和政策建议。各章内容如下：

第 1 章为绪论部分。

第 2 章为理论依据与文献综述。首先阐述了幼稚产业保护理论、新要素禀赋理论和产业国际竞争力理论。然后从农业保险和政策性农业保险相关研究、农产品出口及竞争力的影响因素、农业保险对农产品出口影响三方面来进行文献综述。

第 3 章为政策农业保险对农业生产及出口影响的机理分析。一是梳理了中国农业保险发展的历史与现状。二是阐述政策性农业保险的合规性，它是一项世界贸易组织允许的"绿箱"政策，符合世界贸易组织的补贴原则和贸易规则。三是具体分析了政策性农业保险对农业生产、农产品出口贸易以及出口竞争力的影响机理。

第 4 章为中国政策性农业保险对农业生产及出口影响的初步验证。一是阐述了中国农业生产及出口取得的成就及存在的问题。二是采用倾向匹配得分双重差分方法（PSM-DID），研究结果表明政策性农业保险的实施对人均农林牧渔业增加值的增长具有显著的正向影响。三是采用动态面板模型来分时段初步验证政策性农业保险的实施对中国农产品出口贸易的影响，实证结果表明各省（市、区）在实施政策性农业保险之前，农业保险深度对农产品出口贸易的影响并不显著。而实施政策性农业保险之后，农业保险深度对农产品出口贸易才产生显著的影响。四是基于 2002 至 2016 年 50 个国家和地区的面板数据，运用扩展的引力模型对政策性农业保险给农产品出口贸易的影响进行初步验证。实证结果表明政策性农业保险整体上对农产品出口贸易产生了积极影响。

第 5 章为中国政策性农业保险对农产品出口贸易影响的进一步验证。一是基于 2006 年至 2016 年中国 31 个省（市、区）的面板数据，通过双重差分方法实证研究了中国政策性农业保险的实施对省际农产品出口规模的影响，结论为有促进作用。平行趋势假设检验和"反事实"检验都成立，说明政策性农业保险的实施真实地推动了农产品出口贸易。关于分地区的估计结果显示，政策性农业保险的实施对西部地区的农产品出口贸易额增长的影响较显著，而对东部地区和中部地区的农产品出口贸易额的影响并不显著。政策性农业保险的实施对粮食主产区农产品出口贸易额的影响程度高于非粮食主产区。关于分产品的估计结果显示，政策性农业保险的实施对种植业农产品出口贸易有显著的促进作用，而对养殖业农产品出口贸易并没有显著的影响。二是通过倾向匹配得分双重差分方法（PSM-DID）分析政策性农业保险的实施对省际农产品出口扩展边际的影响，结果显示影响不显著。

第 6 章为政策性农业保险对农产品出口竞争力的影响——基于省际面板数据的实证研究。采用 2006 年至 2016 年中国 31 个省份的面板数据，通过倾向匹配得分双重差分方法（PSM-DID）评估政策性农业保险的实施对农产品出口竞争力的影响。分别使用最近邻匹配方法、核匹配方法半径匹配和方法来对研究样本进行匹配。为了进一步消除一些未被纳入研究或不容易观测到的因素对农产品出口竞争力造成的影响，在使用倾向匹配得分方法对数据进行处理后，使用了双重差分方法来分析政策性农业保险对农产品出口竞争力的净影响，结果显示影响不显著。因此证明现阶段政策性农业保险无法提升中国农产品的出口竞争力。

第 7 章为结论、国际经验借鉴和政策建议。政策性农业保险与人均农林牧渔业增加值存在正相关关系。无论是基于动态面板模型还是双重差分模型，实证结果都表明政策性农业保险的实施与农产品出口额存在着正相关关系。但是政策性农业保险与农产品贸易竞争力指数和净出口显性比较优势指数都没有相关关系，说明目前中国政策性农业保险对农产品出口竞争力没有明显的提升作用。因此建议，实施差异化农业保险保费补贴政策，实施特色农产品保险制度，促进农产品出口贸易规模，逐步提升农产品出口竞争力。

1.3 研究方法与技术路线

1.3.1 研究方法

本书主要的研究方法有实证分析法、对比分析法和归纳法。

一是实证分析法。第 4 章为了检验政策性农业保险对农业产出的影响问题。运用倾向匹配得分双重差分方法（PSM–DID），实证研究发现政策性农业保险的实施对人均农林牧渔业增加值的贡献率达 0.1。由此表明政策性农业保险显著促进了农业生产。第 5 章基于 2006 年至 2016 年 31 个省（市、区）的面板数据，采用双重差分方法（DID）实证分析政策性农业保险对农产品出口规模的影响。通过实证研究发现一般双重差分模型的政策性农业保险对农产品出口贸易的影响系数为 0.108，连续型解释变量双重差分模型的政策性农业保险对农产品出口贸易影响系数为 0.07，都在 5% 的水平上显著。研究表明政策性农业保险总体上对农产品出口贸易有显著的影响。基于 2006 年至 2016 年 31 个省（市、区）的面板数据，采用倾向匹配得分双重差分方法（PSM-DID）实证分析政策性农业保险对农产品出口种类的影响。第 6 章采用倾向匹配得分双重差分方法（PSM-DID）研究政策性农业保险对农产品出口竞争力的影响。实证结果表明政策性农业保险不仅对农产品贸易竞争力指数的影响不显著，同时对农产品净出口显性比较优势指数的影响也不显著。说明政策性农业保险对提升农产品贸易竞争力没有产生作用。

二是对比分析法。第 5 章基于 2006 年至 2016 年 31 个省（市、区）的面板数据，在分析政策性农业保险对农产品出口贸易影响的地区差异时。结果表明政策性农业保险只对西部地区的农产品出口贸易产生了明显的影响，而且影响程度要高于全国回归的水平，影响系数为 0.243，在 5% 水平上显著。对东部和中部地区的农产品出口贸易没有产生明显的促进作用。第 5 章还评估出政策性农业保险对粮食主产区和非粮食主产区农产品贸易都产生了正向影响，但政策性农业保险对粮食主产区农产品出口贸易的影响更显著，对主要种植业产品出口有促进作用，对主要养殖业产品出口没有明显影响。

三是归纳法。借鉴主要发达国家农业保险促进农产品出口贸易的经验和结合中国的具体国情，构建促进中国农产品出口贸易发展和提升农产品出口竞争力的政策性农业保险体系。在 WTO 的框架内，中国应充分利用世界贸易组织的"绿箱"政策。

1.3.2 技术路线

本研究的技术路线，参见图 1.1。

```
提出问题 ──→ │ 绪论 │ ──── │ 理论依据与文献综述 │ ──→ ┌─────┐
                                                      │文献 │
                                                      │研究 │
                                                      └─────┘
           ┌─ ┌──────────────────────────────────────────┐
确定视角 ──→│  │ 政策性农业保险对农产品生产及出口的影响机理  │    ┌──────┐
           │  ├────────────┬──────────┬──────────────────┤    │关于政 │
           │  │中国农业保险发│政策性农业│政策性农业保险对农业│    │策性农 │
           └─→│展的历史与现状│保险的合规性│生产及出口的影响机理│    │业保险 │
              └────────────┴──────────┴──────────────────┘    │对出口 │
                                                              │规模和 │
              ┌──────────────────────────────────────────┐    │种类的 │
              │ 中国政策性农业保险对农业生产及出口影响的初步验证│    │影响  │
              ├──────────────────┬───────────────────────┤    └──────┘
              │政策性农业保险对    │政策性农业保险对农产品    │
              │农业生产的影响      │出口贸易影响的初步验证    │
              └──────────────────┴───────────────────────┘    ┌──────┐
                                                              │实证  │
              ┌──────────────────────────────────────────┐    │研究  │
分析问题 ──→  │ 中国政策性农业保险对农产品出口贸易影响的进一步验证│    └──────┘
              ├──────────────────┬───────────────────────┤
              │中国政策性农业保险对 │中国政策性农业保险对     │    ┌──────┐
              │农产品出口规模的影响 │农产品出口种类的影响     │    │关于政 │
              └──────────────────┴───────────────────────┘    │策性农 │
                                                              │业保险 │
              ┌──────────────────────────────────────────┐    │对出口 │
              │ 中国政策性农业保险对农产品出口竞争力的影响     │    │竞争力 │
              ├──────────────────┬───────────────────────┤    │的影响 │
              │中国农产品出口竞争力 │基于31个省（市、区）面    │    └──────┘
              │评估               │板数据                 │
              └──────────────────┴───────────────────────┘

解决问题 ──→ │ 结论与建议 │ ←── │归纳法│
```

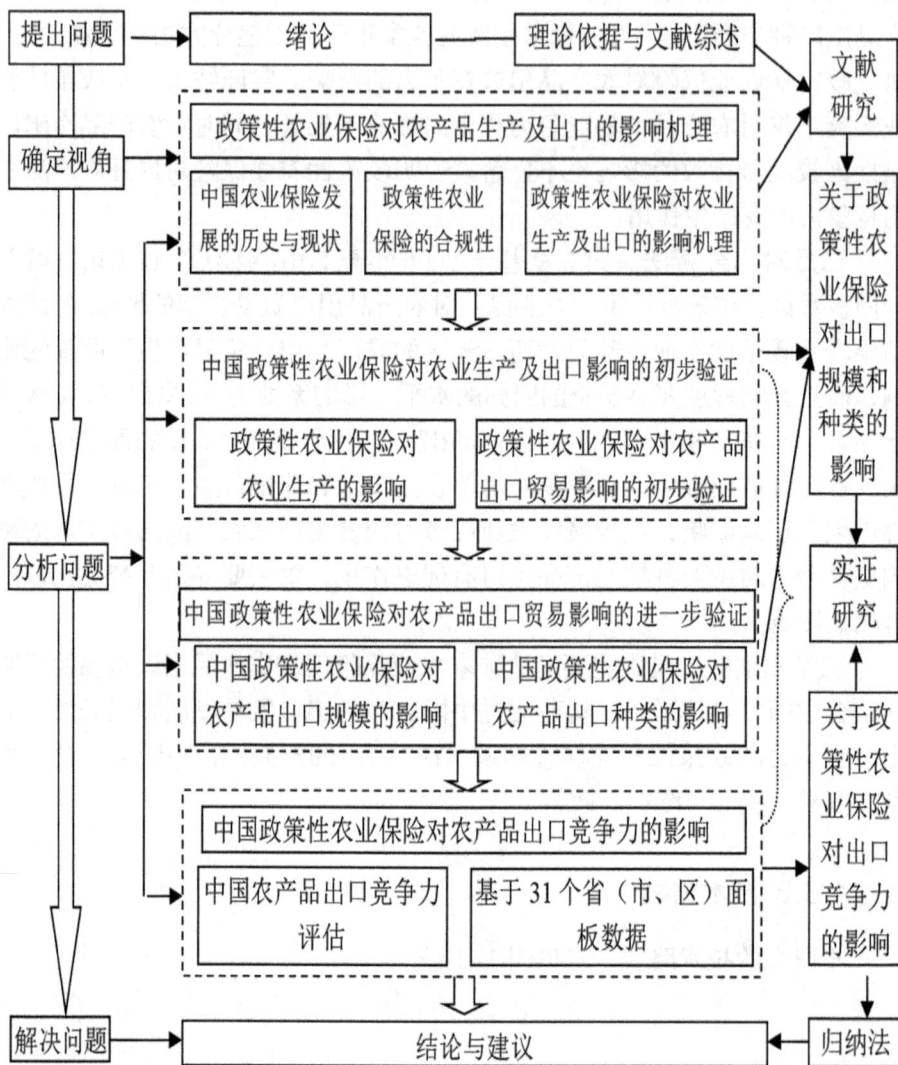

图 1.1　本研究的技术路线

1.4 相关概念界定

1.4.1 农业保险

1. 农业保险的定义和特征

农业保险按照承保标的的不同，有广义和狭义之分。本书主要研究狭义的农业保险。狭义的农业保险是农业生产者将农业财产损失以支付小额保险费为代价的形式转嫁给保险人的一种制度安排。其中只包含种植业和养殖业保险。广义的农业保险除了种植业和养殖业保险之外，还包括农户及其家属的人身保险和农户的其他物质财产保险。中国 2013 年开始实施的《农业保险条例》将农业保险定义为："农业保险是指保险机构根据农业保险合同，对被保险人在种植业、林业、畜牧业和渔业生产中由于保险标的遭受约定的自然灾害、意外事故、疫病、疾病等保险事故所造成的财产损失，承担赔偿保险金责任的保险活动。"

由于农业生产受自然因素的影响比较大，农业保险除了与其他财产保险类似的基本特征，还具有以下特征：

一是地域性。中国具有复杂多样的地理环境，农业面临各种各样的灾害。不同区域的灾害种类不同，存在较大差异，体现了明显的地域性。如东部沿海地区容易受到台风的侵扰，西部地区容易受到泥石流和滑坡等地质灾害的影响。各地区不仅自然条件存在差异，而且生产条件、技术水平以及社会经济条件也不尽相同，从而决定了农业保险应该因地制宜，根据各地区的具体情况来有效开展，而不应该要求全国统一。

二是季节性。农作物的生长发育受到生长环境和时间的严格限制，具有较强的季节性。与农业生产和经营有关的自然灾害也具有一定的规律性和季节性，使得农业保险应该在防灾防损、展业、承保、理赔等方面遵循自然规律。

三是连续性。动植物的生长过程是紧密相连不可中断的，连续性十分明显。因此，农业保险的经营者要考虑动植物生长的连续性，要有全面和长远的发展观，使农业保险业务稳步发展。

四是存在逆向选择和道德风险问题。保险公司无法在短时间内甄别和掌握参保农户的信息，但是农户对自身的信息是比较清楚的，例如地块的位置、品质、特征和风险程度等信息。这体现了农业保险的信息不对称性。农户在高风险状态下，一般会选择购买农业保险。农户也可以选择投保高风险农产品，这使得保险公司依据总体损失率设定的费率来进行赔付，难以维持正常经营，容易出现逆向选择问题。部分农户在购买农业保险后，风险发生之前不积极采取预防措施，或者是在风险发生之后不积极采取补救措施，任由损失的扩大，而想获得保险公司的赔付，容易产生道德风险问题。少数农户为了获取保险公司的赔偿，虚报承保农产品的受灾情况，因而会产生保险欺诈等道德风险问题。

2. 农业保险的分类

农业保险按照不同的划分标准，可以分成不同的种类。

按照农业生产的对象，可划分为种植业保险和养殖业保险。种植业保险是指以生产过程中符合承保条件的各种植物作为保险标的，对发生约定的灾害事故造成的经济损失承担赔偿责任的保险。种植业保险一般包括作物保险和林业保险。养殖业保险一般包括家禽、牲畜、水产养殖和经济动物保险等，是指以养殖过程中符合承保条件的各种动物作为保险对象，对遭受保险责任范围内的损失给予补偿的一种保险。

农业保险按保障程度，可划分为成本、产量或产值、收入等保险。成本保险是指以生产投入的物化成本为依据确定保障程度，从而确定保险金额的保险，呈现"低保障、低保费、广覆盖"的特点。中国目前的农业保险大多为成本保险。产量或产值保险是指以农产品产量为依据确定保障程度，从而确定保险金额的保险。以实物计量，称为产量保险；以价值计量，称为产值保险。收入保险是以历年农业生产的平均收入水平为依据确定保障程度，农业保险金额是根据产品产量和目标价格水平两个因素综合确定的。

按照是否享受政府扶持政策，农业保险可划分为政策性和商业性保险。政策性农业保险是指为了执行国家或地方相关农业政策而不以营利为目的的一类保险。而商业性农业保险是按照市场条件制定和提供农业保险项目和服务，它通常以营利为目的，并会随着市场及经营目标的变化做出相应的调整。

1.4.2 政策性农业保险

1. 政策性农业保险的定义和特征

当前农村经济发展水平不高且处于不平衡状态，农民收入也相对较低，导致农民投保农业保险的能力十分有限。国际经验表明采用商业经营模式的农业保险业务难以维持下去。为了稳定农业生产和促进农村经济发展，许多国家将财政手段与市场机制相衔接，开展政策性农业保险业务。

虽然很多专家学者对"政策性农业保险"的内涵都进行了相关界定，但迄今为止都没有一个官方的、确切的、统一的认识。2002 年我国修订的《农业法》首次确认"政策性农业保险"。之后的中央一号文件，都使用了"政策性农业保险"的概念和提法。2013 年实施的《农业保险条例》规定"国家支持发展多种形式的农业保险，健全政策性农业保险制度"，这是从行政法规的角度将农业保险定位为政策性农业保险。政策性农业保险是指国家为保护和发展农业生产，在政府有关政策的指导下，由财政部门拨付专项资金，由商业保险机构依照市场经济规律，开办保障农业生产抵御自然灾害与意外事件损失的一种保险。其中，中央政府财政支持的农业保险为中央政策性农业保险；仅接受地方政府财政支持的农业保险为地方政策性农业保险。中央财政农业保险保费补贴是指财政部对省级政府组织开展的特定农作物品种的保险业务，按照保费的一定比例，为参保农户提供补贴。[①]政策性农业保险具有农业保险的一般特征，此外还具有以下特征：

一是政府主导。政策性农业保险在政府出台相关政策和制度的情况下，

---

① 中华人民共和国财政部．财政部关于印发《中央财政农业保险保费补贴试点管理办法》的通知 [EB/OL]. 中华人民共和国财政部 / 政务信息 / 财政文告 /2007 年财政部文告 / 财政部文告 2007 年第七期 .[2007-04-13].
http://www.mof.gov.cn/zhengwuxinxi/caizhengwengao/caizhengbuwengao2007/caizhengbuwengao20077/200805/t20080519_26640.html.

才能展开其业务。政府一方面从宏观上指导和支持政策性农业保险的开展，另一方面从微观上给农户提供保费补贴等方式达到支农惠农的目的。

二是财政提供保费补贴。政府支付财政补贴是政策性农业保险的基本特征。根据 2007 年一号文件的精神，中国中央财政将农业保费补贴列为财政预算科目，这成为了中国农业保险发展史上的新起点。

三是非营利性。由于农民的经济承受能力十分有限，所以农业保险要坚持非营利性原则，尤其是政策性农业保险必须服务于农业的经济补偿制度和经济保障制度，更不能以营利为目的。

四是保险范围广泛。政策性农业保险一般具有承保范围大和覆盖面广等特征。相对来说，商业性农业保险经营的险种责任范围相对较窄。

2. 政策性农业保险的实现方式

政策性农业保险主要是通过政府保费补贴等扶持政策来实现的，补贴对象是投保农户。

从政策性农业保险投保模式看，政策性农业保险缴费模式与传统业务缴纳保险费后保单生效的模式不同。农业保险保险费缴纳，除了政府财政补贴以外，还有一部分农户自缴保费。[①] 根据《农业保险条例》规定，农业保险实行由农民、农业生产经营组织自行投保及村民委员会等组织集中投保等缴费形式。

从政策性农业保险的理赔流程方面看，如果种植户发生保险责任范围内的损失，理赔流程如图 1.2 所示。

如果养殖户的能繁母猪死亡，应在 24 小时以内向保险公司报案。保险理赔人员接到养殖户的报案后，与兽医站人员赶往现场查勘鉴定并拍照，对符合理赔条件的案件，当场填写理赔确认书。经过对病死猪查勘定损和无害化处理后，养殖户提供身份证、无害化处理证明、保险凭证等材料给保险公司。保险公司核查无害化处理证明后，将赔偿金额直接汇入养殖户账户。

---

① 梁晓攀. 关于政策性农业保险运作模式的改进建议 [EB/OL]. 中国保险报 / 评论频道 / 理论研究 . [2017-12-12] [2019-03-27]. http://pl.sinoins.com/2017-12/12/content_249839.htm.

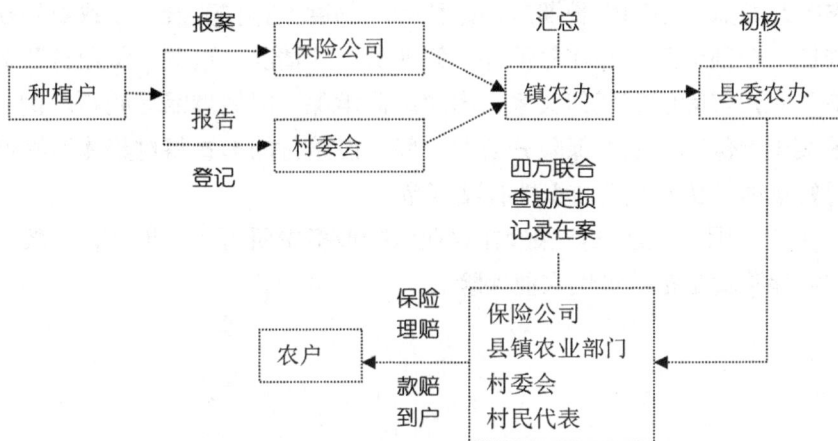

图 1.2　种植户理赔流程

3.政策性农业保险实施中存在的问题

一是农民投保意识不强。大部分农民头脑里存在着"靠天吃饭"的谋生理念，风险防范意识较淡薄。他们对农业风险心存侥幸而不愿投保，不懂得运用保险手段转移生产风险。农民普遍对农业保险及相关条款不了解，对政策性农业保险认识不足，甚至还有人错误地认为农业保险是变相向农民收费。

二是政策性农业保险责任范围较窄。现在水稻种植保险的保险责任为暴雨、洪水、内涝、风灾、雹灾、冻灾和旱灾对保险水稻直接造成损失，但没有考虑其他风险因素造成的损失。农民还非常担心市场价格波动和病虫害等风险，仅承保自然风险为主的保险产品无法满足农户的实际需求。又如能繁母猪保险的保险责任是针对各种疾病的，价格波动风险也不在保险公司的承保责任范围之内。

三是保险市场不规范。保险公司内控制度、管理控制手段方面还不健全，同时受人力、物力及技术等限制，造成保险公司在承保、理赔及查勘定损等环节存在一些问题。如果水稻出现了灾情，保险公司人员很难在较短时间内按照程序查勘定损。有时保险公司实地勘查损失的方式较简单，容易出现损失核查情况不准确，使得农户不能获得相应的赔偿，影响农户下一年投保的积极性。有些保险机构仍设定相对免赔率，并在制定大田作物灾害起赔点、不同生长期最高赔偿标准制度上存在瑕疵，以致农户获赔标准低。个别地区还存在着承保"假业务"的情况。这些"假业务"造成保险与农户实际没有任何关系，出现虚假承保、虚假理赔等问题。例如，为了实现参保率，地方保险分公司一般会以赔付的形式将村集体所缴部分返回村集体，从而获得政策性补贴资金。

由于中国商业性农业保险在农业保险业务中所占比例很小，一般情况下农业保险就是指政策性农业保险。

1.5 创新点与不足

1.5.1 创新点

从研究方法方面看，以往关于农业保险对农产品贸易的实证研究大多是采取简单的协整和格兰杰因果检验方法，这些方法没有考虑干扰因素的影响，容易忽视模型的内生性问题。本书以2006年至2016年31个省（市、区）的面板数据为样本，运用双重差分方法（DID）实证研究政策性农业保险对农产品出口规模的影响。并以2006年至2016年31个省（市、区）的面板数据为样本，运用倾向得分匹配双重差分（PSM–DID）方法分析政策性农业保险对农产品出口竞争力的影响，该方法能有效处理内生性问题。

从研究视角方面看，影响农产品出口贸易有很多因素，主要包括国家或地区的经济规模、人口规模、人均收入差距、汇率水平、国家或地区之间的地理距离、制度因素等。多数学者主要运用引力模型和恒定市场模型考察影响农产品出口贸易的主要因素。一般来说，经济规模和人口规模等因素能促进农产品出口贸易，而地理距离和人均收入差异等因素会阻碍农产品出口贸易的增长。以往的研究很少将政策性农业保险作为影响农产品出口贸易的主要因素来重点考察，因此本书专门探讨政策性农业保险的实施对农产品出口的影响问题。

从研究结论方面看，此前有学者采用1982年至2009年的相关的时间序列数据进行实证研究表明，农业保险对农产品出口贸易影响不显著。而本书主要运用 2006 年至 2016 年 31 个省（市、区）的面板数据进行分析，得出的结论是政策性农业保险的实施总体上对农产品出口规模具有重要的促进作用。但是政策性农业保险的实施对西部地区的农产品出口规模产生了显著的影响，而对东部和中部地区的农产品出口规模没有产生明显的促进作用。政策性农业保险的实施对粮食主产区农产品出口规模的影响比对非粮食主产区更显著。政策性农业保险的实施对主要种植业产品出口规模有促进作用，而对养殖业产品出口规模没有明显的影响。政策性农业保险的实施不能增加农产品出口种类。

1.5.2 研究不足

由于客观条件、自身的理论水平等限制，本书在以下方面还需要进一步改进和完善：

一是由于收集国外政府部门农业保险数据较难，故无法对国外政策性农业保险对农产品出口贸易规模及出口竞争力的影响进行研究，也就未能进行中外对比研究，这将是今后研究的努力方向。

二是部分模型中某些变量的代理变量选择上仍存在不足。例如，在进行政策性农业保险对农产品出口竞争力影响的研究过程中，对相关产业及支持产业、农户规模等要素的选择还不够科学。

第2章

理论依据与文献综述

2.1 理论依据

2.1.1 幼稚产业保护理论

美国财政部部长亚历山大·汉密尔顿于 1791 年在《制造业报告》中最先提出了幼稚产业保护思想。后来德国经济学家弗里德里希·李斯特对此进行了发展和完善，提出了保护幼稚产业的贸易学说。这是国际贸易理论中贸易保护主义的基本原理。其基本内容是某个国家处于初创时期的一个新兴产业，发展规模较小、竞争力不强，经不起外国的竞争。如果对该产业采取适当的过渡性的保护和扶植政策，提高其竞争力，将来就可以发展成为具有比较优势、能够出口并对国民经济发展做出贡献的产业。

在学术界如何选择幼稚产业上，穆勒、巴斯塔布尔和肯普分别提出了具体标准。穆勒强调，如果某一产业规模小、生产成本高，但通过政府支持，不断发展壮大后，能够参与自由竞争并获得利润，就可作为幼稚产业来保护。巴斯塔布尔认为，某一产业当前的保护成本小于未来预期利润的贴现值，对该产业才值得保护。肯普强调，存在内部规模经济的情况下，即使某一产业符合穆勒和巴斯塔布尔标准，政府保护也未必一定有必要，而仅在先行企业学习过程中取得的成果对国内其他企业有正外部效应时，对其保护才有意义。

对于农业是否属于幼稚产业国际上没有定论，而是由各个国家自己确定。目前许多国家都利用幼稚产业保护理论对农业进行保护。与发达国家的现代农业相比，中国以小农经济生产方式为主的农业属于弱势农业。在自由贸易体制下，为提升中国农业的竞争力，国家应采取适当的保护措施。中国农业的幼稚特征表现在农业生产对自然环境的高依赖性、农业生产面临的风险性和农产品市场的风险性。中国农业仍然是传统农业，对现代农业科技创新成果运用不足，因此农业生产过程对自然条件（土地、水和阳光等）仍然高度依赖。中国农业生产面临的自然风险较大，例如洪涝、干旱和霜冻等自然灾害经常对局部地区的农业生产造成毁灭性破坏，更何况由于自然因素的不可控性，即便有了先进的农业科技，全球气候变化仍然是影响全球农业生产的重要因素。此外，中国农产品市场的风险性表现在：由于农业生产效率较低，农产品缺乏需求弹性等因素使农产品市场的扩张受到极大限制。

2.1.2 新要素禀赋理论

传统要素禀赋理论认为当两国生产技术水平相同时，生产要素禀赋差异就是比较优势的来源。为此，一国应生产并出口其丰裕要素的密集型产品，进口其稀缺要素的密集型产品。

要素禀赋理论在很长一段时间内都处于国际贸易理论的中心位置，被视为研究国际贸易的基本模型。经济学家们都非常赞成这一理论逻辑的严谨性和合理性，纷纷从实证角度检验要素禀赋理论对现实问题的解释。在众多的实证检验结果中，美国经济学家里昂惕夫的检验结果对要素禀赋理论最具有挑战性。里昂惕夫运用投入产出分析法，研究发现美国生产进口替代产品的资本要素密集度比出口产品高出30%，表明美国实际的进出口商品结构与要素禀赋理论不一致，因此被称为"里昂惕夫之谜"。

针对"里昂惕夫之谜"，学者们对二战后国际贸易新现象提出了许多解释，也形成了一些理论，直接对要素禀赋理论进行了完善和发展。其中一部分学者提出在生产中一些新的要素也能改变一国的比较优势，从而改变贸易结构，由此产生了新要素禀赋理论。该理论认为生产要素不仅包括传统要素禀赋理论所提及的劳动、资本和土地，还应该扩展生产要素的范畴。

此后，部分学者把其他要素引入要素禀赋理论当中：一是技术因素会影响国际贸易。波斯纳（1961）把技术创新作为一种生产要素。各国的技术水平不尽相同，缩短技术差距也是获得比较优势的一种途径。Morgan 和 Morley（2007）通过实证研究发现德国和英国的技术进步对出口增长存在长期单向因果关系。二是宏观因素对贸易产生影响。Clausing（2000）发现对外直接投资同国际贸易之间是相辅相成的关系。三是制度因素会影响一国的对外贸易。Zhang（2005）研究发现外商直接投资真实地促进了出口。Funatsu（1984）认为出口信用保险可以通过帮助出口商规避商业风险和政治风险来促进出口。Paul 等（2006）构建了一般均衡的经济模型并基于市场规模相同的两国市场，证明国际贸易中信用保险是一种有效的损失补偿机制。Chao 等（2001）认为无论是长期还是短期出口退税，它们都促进了出口的增长。

这些新要素在国际贸易中发挥着越来越重要的作用，决定着一国新的比较优势的形成。

2.1.3　产业国际竞争力理论

哈佛大学迈克尔·波特教授提出了产业国际竞争力理论，也称为国家竞争优势理论。波特认为一国的生产要素、需求条件、相关及支持产业、企业战略及其结构、同业竞争对一国某产业形成竞争力起到十分重要的作用，机遇、政府因素发挥着辅助作用。产业国际竞争力的"钻石模型"就是由这六大因素构成的。

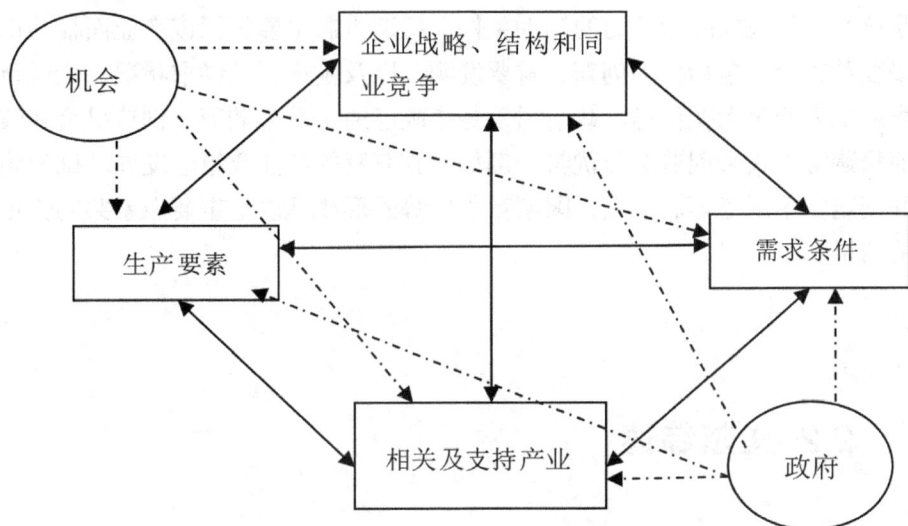

图 2.1　"钻石模型"

该理论主要内容如下：

生产要素包括基础要素和高级要素。基础要素是指一个国家的自然禀赋（资源、气候、区位等情况）；高级要素是指相关信息、现代通讯、专业研究机构和受过高等教育的人才等，是可以通过后天努力创造的要素。高级要素对于一国能否取得竞争优势无疑是十分重要的。

在需求条件方面，如果国内市场消费需求水平较高，则对某产业获取竞争优势具有十分重要的作用。因为老练和挑剔的消费者会促使本国企业努力达到高质量的产品标准。如果本国消费者需求具有前瞻性，那么本国企业为了满足消费者需求，也会逐步走向世界前列。

相关及支持产业是指与保持竞争优势的某一产业密切相关的产业。一个国家的优势产业不是独立存在的，而是与国内相关的强势产业一同存在的。产业的创新升级离不开优质供应商的支持和下游产业的合作。

企业战略及其结构也是产业形成国际竞争力的重要条件。一国的某一产业必须培育主导企业，即企业的规模、管理模式、组织形式、产权结构等必须具有国际竞争力。

除上述四个主要因素外，一国某一产业所面临的机遇和政府政策，也是该产业形成国际竞争力的辅助条件。所谓机遇主要包括该产业面临的市场变革机会，包括技术创新、重要发明，以及生产要素供求状况、金融市场或汇率的重大变化等。政府因素是指政府通过政策调节、创造机会和政府采购等方式来创造竞争优势。例如实施有利的产业政策、发展基础设施和制定竞争规范等。总之，国家竞争优势的形成是以上重要因素共同作用的结果。

2.2 文献综述

2.2.1 关于农业保险和政策性农业保险的研究

1. 关于农业保险的研究

Iturrioz（2009）提出，农业保险是一种特殊的财产保险；保险标的不限于农作物，也包括牲畜、森林和水产品等。Pal 和 Mondalt（2010）认为，由于气候的脆弱性，农业保险和气候衍生产品的风险转移机制至关重要。

关于农业保险对农业生产的影响研究主要有以下几种观点：

一是大多数学者认为农业保险能促进农业生产。庹国柱和李军（2001）、冯文丽（2004）认为农业保险的发展有利于提高农业产出水平。王向楠（2011）运用动态面板模型实证研究表明农业保险的发展对中国农业产出的增加具有显著的正向影响。Glauber 等（2013）提出农业保险有利于农户扩大规模，提高农作物产量。Akinrinola 和 Okunola（2014）通过对尼日利亚农业保险问题的研究，结论认为农业保险有利于农业产量的提升。周稳海等（2015）通过构建静态和动态面板模型，实证分析出河北省农业保险对其农业生产具有显著的正向影响。聂文广和黄琦（2015）通过实证研究表明农业保险对粮食产量产生了显著的促进作用。也有学者从微观角度来分析农业保险对农业产出的影响。Cai 等（2009）通过对中国贵州 480 个村进行随机实验，研究表明农户参与能繁母猪保险有助于其扩大养殖规模。

二是少数学者认为农业保险抑制了农业生产。马述忠和刘梦恒（2016）采用省际面板数据进行实证研究，表明农业保险的发展对农业生产率有显著的抑制作用，原因是存在道德风险和逆向选择问题。三是农业保险对农业产出的影响不显著。张跃华等（2006）实证研究发现，上海宝安区区长兴乡农业保险对水稻产量影响不明显。

关于农业保险对农民收入的影响问题，梁平等（2008）、孙朋等（2011）都认为农业保险与农民收入存在长期的均衡关系。余新平等（2010）实证研究表明农业保险赔付支出促进了农民收入的增长，而农业保险收入则抑制了农民收入的增长。张建军和许承明（2014）运用江苏省和湖北省的调研数据以及采用 Match 模型，分析出农业信贷与农业保险互联能够显著提高农户的农业收入。周稳海等（2014）利用 2008 年至 2012 年中国省际面板数据，构建动态面板系统 GMM 模型，研究表明农业保险灾前效应对农民收入有显著的负向影响，灾后效应对农民收入有显著的正向作用。祝仲坤和陶建平（2015）对 2007 年至 2012 年省级面板数据进行了检验，研究表明农业保险密度和农业保险深度对农户收入产生负向影响，但是农业保险保费补贴对农户收入有显著的正向作用。

关于政府在农业保险实施过程中的作用研究，OECD（2011）提出在农业保险方面，政府政策应对农业风险进行全面管理，农业风险管理政策应着眼于巨灾风险。Smith 和 Glauber（2012）认为许多农业保险产品被提供，其中大部分由政府大力补贴。Kemeny 等（2012）和 landini（2015）都认为由于信息不对称、逆向选择风险和保险费用等问题，农业保险没有政府干预便达不到效果，对保费进行补贴也不能完全解决问题，故提出要对农业风险和保险责任范围进行有效管理，以促进风险共担，提高农业财团的谈判能力，并且应完善国家的农业保险体系。Nguyen 等（2015）通过分析发现，政府参与农业保险项目的实施是必要的。庹国柱（2011）提出自2007 年以来中国农业保险的快速发展在很大程度上得益于政府财政补贴的支持，需要正确认识农业保险补贴的本质。冯俭（2012）认为财政补贴政策对农业保险需求具有一定的调节作用，研究发现该政策具有类似转移支付的效果，提高了农户的投保意识，促进了农户持续购买农业保险。段文军和袁辉（2013）运用 1984 至 2011 年湖北省农业保险相关数据研究认为，政策性农业保险具有财政补贴调节效应。肖卫东等（2013）认为对农业保险进行公共财政补贴是世界各国发展政策性农业保险的普遍政策。

2. 关于政策性农业保险的研究

一是政策性农业保险对农业生产的影响。多数学者认为政策性农业保险能促进农业生产。Innes（2003）运用福利经济学理论分析出政策性农业保险可以加快农业生产的进程。王红等（2013）通过实证研究发现农业保险对农业总产值产生了显著的促进作用。聂荣等（2013）利用辽宁省入户调查数据发现政策性农业保险能在微观层面提高农户的农业产出水平。代宁和陶建平（2017）基于 2007 至 2015 年中国 31 个省（市、区）的面板数据，利用面板分位数回归方法分析得出农业保险发展水平能够显著提高农业生产水平。也有少数学者不赞成上述观点。袁辉和谭迪（2017）运用动态面板模型实证分析得出，政策性农业保险抑制了湖北省农业产出水平，表明农业保险业务中存在严重的道德风险。

二是政策性农业保险对农民收入的影响。张小东和孙蓉（2015）通过一阶差分与双重差分的估计方法，研究表明中央财政农业保险保费补贴对农民收入的增长具有正向的促进效果。卢飞等（2017）运用理论和实证相结合的方法，全面考察了政策性农业保险对农民收入增长的效应，特别是对产业增收路径的研究。

2.2.2　关于农产品出口影响因素的研究

1. 关于农产品出口规模影响因素的研究

国内外学者运用引力模型研究了农产品出口贸易的影响因素。促进农产品出口贸易的因素主要包括农产品保护政策、经济规模、出口保险、签订贸易协定和贸易便利化水平等。Paiva（2005）通过引力模型研究发现发达国家使用农产品保护政策和农业补贴政策能促进农产品出口贸易。Peridy（2005）运用引力模型研究表明签订贸易协定能促进地中海地区对欧盟的出口贸易。Assem 等（2010）采用引力模型验证了埃及的国内生产总值和埃及本国货币贬值对其农产品出口有正向影响。孙华平（2013）运用引力模型进行定量分析，结果表明南非的 GDP 促进了中非双边农产品贸易。Nam 等（2015）通过引力模型研究表明出口保险对出口产生了正效应，而出口信用风险则对出口产生了负效应。宋海英（2013）运用扩展的引力模型，研究表明中国对拉美国家的农产品出口贸易有正向影响的因素包括人均 GDP 和加入区域经济一体化组织等。谭晶荣等（2015）和张彤璞（2017）通过构建引力模型实证研究，都发现经济规模的扩大能促进中国农产品出口贸易额的增长。李文霞等（2017）利用扩展的引力模型实证分析表明，中国和贸易对象国的 GDP 的增加以及都是 APEC 成员可显著促进中国对"海上丝绸之路"沿线国家农产品出口的增长。朱晶和毕颖（2018）运用扩展的引力模型研究表明贸易便利化水平的提升能促进农产品出口。刘昭洁等（2018）通过实证研究表明贸易便利化对农产品出口的影响小于农业政策对农产品出口的影响。

地理距离、关税水平、汇率波动以及检测标准的提高等因素主要抑制了农产品出口贸易。谭晶荣等（2015）和张彤璞（2017）都认为地理距离阻碍了中国对"丝绸之路经济带"国家的农产品出口贸易。李文霞等（2017）利用扩展的引力模型实证分析表明，经济自由度指数、海上距离和伙伴国关税与中国农产品出口增长呈负相关关系。Cho 等（2003）实证检验结果表明，名义汇率升值对农产品的出口产生了负向影响。Mathew 等（2016）采用美国的玉米出口数据研究表明汇率变动对美国玉米的出口产生了不利影响。刘荣茂和黄丽（2014）研究发现欧元汇率波动显著抑制了中国对欧农产品出口贸易。Wilson 和 Otsuki（2004）运用引力模型，考察发现检测标准提高会降低非洲国家对 11 个 OECD 国家香蕉的出口量。Otsuki 等（2016）采取贸易引力模型进行研究，结果表明欧盟提高食品检测标准会减少非洲出口至欧盟的粮食及干果等农作物的年出口量。

部分学者使用了恒定市场份额模型来实证分析农产品贸易的影响因素。一是多数学者认为需求效应、竞争力效应和结构效应能拉动农产品出口的增长。Fogarasi（2008）研究发现，进口市场需求增长是匈牙利和罗马尼亚农产品在欧盟市场出口增长的主导因素。杨逢珉和李晶（2017）采用恒定市场份额模型，分析出日本国内市场需求增长和产品结构效应促进了中国对日本农产品贸易的增长。张兵和刘丹（2012）研究表明，美国农产品出口贸易的促进因素有世界农产品贸易的总需求水平等，而产品的结构和竞争力效应对出口贸易贡献相对较小。二是部分学者认为结构效应和竞争力效应是制约因素。司伟等（2012）运用恒定市场份额模型研究发现，出口结构效应是中国向日本和韩国出口的制约因素。高道明（2015）选取1995 年至 2013 年中国农产品贸易状况，运用恒定市场份额模型分析认为，出口产品结构对出口贸易的影响不明显。杨逢珉和李晶（2017）研究表明，日本国内市场综合竞争力效应和产品竞争力效应对中国输日农产品的增长产生阻碍作用。

2. 关于农产品出口扩展边际影响因素的研究

随着新新贸易理论的不断发展，二元边际的贡献度已成为学术界研究的重点之一。尤其是学术界发掘了扩展边际之后，逐渐受到了大家的重视。

Hummel 和 Klenow（2005）研究发现，GDP、就业人数和劳动生产率这三个解释变量对集约边际和扩展边际都有显著的正向影响，但是对集约边际影响更大。钱雪锋和熊平（2010）研究结果表明，外部冲击对扩展边际没有带来显著的负面效应。陈勇兵等（2012）运用中国海关数据库，从企业层面将二元边际分解为集约边际和扩展边际，研究表明经济规模、距离和贸易成本的变动是影响扩展边际的主要因素。谭晶荣等（2013）测算了中国和越南农产品贸易的二元边际，发现扩展边际对中国的出口增长发挥了更为重要的作用。耿献辉等（2014）认为进口时间对加工农产品出口扩展边际的增长有较强的抑制作用。袁德胜等（2014）实证研究发现进口国的经济规模、人均收入水平、自由贸易协定等对中国农产品出口扩展边际产生显著的正向影响，而可变贸易成本对农产品出口扩展边际产生显著的负面效应。谭晶荣等（2016）利用中国 2008 年至 2013 年的省际农产品出口 HS 4 位编码数据，研究发现多数省（市、区）在贸易额维度上出口增长扩展边际值较小，在产品种类和效力维度上出口扩展边际值较大。杨逢珉和韦灵慧（2016）研究发现在中国农产品出口印度尼西亚市场的增长变化中起主要推动因素的是扩展边际。固定贸易成本对扩展边际有显著影响，而多变阻力对增加扩展边际的影响较小。陈林等（2018）分析出"一带一路"倡议和较大的农产品补贴力度使得"一带一路"沿线国家生产效率对农产品出口扩展边际具有正向影响，而出口固定成本对农产品出口扩展边际具有显著的负效应。黄杰等（2018）研究表明，中国对"一带一路"沿线国家农产品出口增长扩展边际的正向影响因素有经济规模、地理面积和人口密度，负向影响因素包括关税水平、贸易距离、汇率成本和外部冲击等。

3. 关于农产品国际竞争力评估及其影响因素研究

（1）关于农产品国际竞争力评估的研究

Sassi（2003）运用贸易竞争力指数等指标分析了欧盟国家农产品的实际竞争力状况及其影响因素。多数学者认为中国农产品整体国际竞争力和土地密集型农产品国际竞争力呈下降趋势。许统生（2001）运用贸易竞争力指数测算出 1995 至 1998 年中国农产品国际竞争力呈下降趋势。帅传敏等（2003）研究表明中国农产品国际竞争力呈下降趋势。李岳云等（2007）和宗成峰（2007）都认为中国农产品整体国际竞争力呈下降趋势，土地密集型农产品处于竞争劣势，但劳动密集型农产品具有较强的国际竞争力。

（2）关于中国农产品国际竞争力影响因素的研究

部分学者认为农业技术创新、开放程度提高和农业补贴等有利于提高农产品国际竞争力。李停和丁家云（2016）研究发现技术结构对农产品出口竞争力有显著正向影响。孙立芳和陈昭（2018）通过实证研究表明在"一带一路"背景下开放度对中国农产品国际竞争力的影响最大。李强（2015）实证检验表明农业补贴可以提高农产品国际竞争力，但不同补贴种类的影响不同。李建萍和乔翠霞（2018）基于 OECD 数据库，研究表明农业总支持水平（TSE）显著提高了各国农产品的国际竞争力。有些学者认为绿色贸易壁垒、农业支持政策、农村人口转移和农业劳动力成本上升等会导致农产品国际竞争力下降。杜强（2009）和丁长琴（2010）认为绿色贸易壁垒增加了农产品出口成本，使企业和农户的出口利润下降，削减了农产品国际竞争力。顾和军（2008）提出农业税减免、粮食直接补贴政策对中国农产品国际竞争力产生了不利的影响。杜辉和胡振虎（2017）认为中国农村人口转移会恶化农业生产条件，导致农业国际竞争力的下降。李谷成等（2018）通过实证研究表明农业劳动力成本上升对农产品国际竞争力产生了显著的负影响。

基于“钻石模型”的农产品国际竞争力研究。朱应皋和金丽馥（2006）基于钻石模型，对中国的农业国际竞争力进行了实证研究和国际比较。王晰和兰勇（2007）基于钻石模型理论框架，从竞争潜力、竞争实力和竞争业绩的角度分析了湖南省农业国际竞争力的现状。黄祖辉等（2010）运用改进的钻石模型，从国际和国内两个层面评估了浙江省的农产品国际竞争力。纪良纲和米新丽（2017）运用“钻石模型”研究发现，农产品生产条件、涉农企业经营情况、农产品需求情况、农产品供应链建设是影响农产品国际竞争力的主要因素。

2.2.3 农业保险对农产品出口规模影响的研究

关于农业保险对农产品出口规模的影响，有以下几种观点：一是农业保险有利于农产品出口规模的增长。徐祺娟和叶善文（2005）实证分析了中国“绿箱”政策中用于补贴农产品遭遇自然灾害的农村救济费对优势农产品的出口贸易有明显的促进作用。熊德平、余新平和俞立平（2011）研究发现在长期关系上农业保险对农产品出口规模具有正向影响。熊德平、余新平和熊皛白（2011）通过实证研究发现，在短期关系上农业保险效率在一定程度上促进了农产品出口规模。二是农业保险对农产品出口贸易的影响不确定。陈华容（2009）对中国 1982 至 2008 年的时间序列数据进行分析，结果表明不论是农业保险收入还是农业保险赔付额都未能有效带动农产品对外贸易发展。熊德平、余新平和俞立平（2011）认为从短期关系上看，农业保险对农产品出口规模的影响并不明显。三是农业保险抑制了农产品的出口贸易。熊德平、余新平和熊晶白（2011）通过实证研究发现在长期关系上农业保险效率对农产品出口规模具有负向影响。Wang 和 Zeng（2014）通过实证研究表明农业保险抑制了广西对东盟的农产品出口贸易。

2.2.4 文献评述

关于农产品出口及其竞争力的影响因素的相关研究，已经产生了许多重要的研究成果，为本书的研究提供了坚实的理论基础。关于农产品出口贸易的影响因素，学者们主要运用贸易引力模型或恒定市场份额模型进行实证分析，已经研究得十分透彻。关于农产品国际竞争力的定量评估，一般是使用国际市场占有率、贸易竞争力指数和显性比较优势指数等贸易绩效指标进行衡量。关于农产品国际竞争力的影响因素主要是使用产业国际竞争力理论或构建指标体系来研究分析。通过对国内外文献进行梳理发现仍然存在着以下不足之处：

1. 研究方法较为单一

学者们主要采用贸易引力模型或恒定市场份额模型来进行研究，单独使用一种方法进行研究难免存在着一些不足之处。一些学者使用时间序列数据，采取简单的协整检验和格兰杰因果检验方法来考察农业保险对农产品出口贸易的影响。所以应该采用两种及以上方法来考察农产品出口贸易的影响因素，这样才能使研究的结论更加稳健和可靠。关于农产品国际竞争力的影响因素的研究方法方面，很多学者采用的是定性分析方法，并没有使用相关数据进行定量分析。部门学者在对农产品国际竞争力的影响因素的实证研究方面，采用的是面板数据的固定效应模型。

2. 研究视角还不够全面

贸易引力模型的大多数研究结果表明，经济规模、人口规模、开放水平和双方需求相似度等因素促进了双边农产品贸易发展，空间距离、收入差距、关税因素等因素阻碍了双边农产品贸易。恒定市场份额模型主要是将影响农产品出口贸易的因素分为需求、竞争力和结构效应三个方面。目前以"农业保险＋出口"为主题在国内外数据库中搜索，只有几篇相关的文献，这说明从政策性农业保险视角来分析农产品出口贸易影响因素的研究成果极少。关于农业保险对农产品国际竞争力影响的相关研究，目前以"农业保险+竞争力"为主题在国内外数据库中进行搜索，没有相关文献，这说明将农业保险与农产品国际竞争力结合起来研究的成果几乎没有。

3. 研究数据较为陈旧

熊德平、余新平和俞立平（2011）使用的是 1982 年至 2009 年的数据探讨农业保险对农产品出口规模的影响。Wang 和 Zeng（2014）使用的是 1995 年至 2010 的数据研究农业保险对广西向东盟出口的问题。

关于农业保险对农产品出口影响的研究成果并不多见。关于政策性农业保险对农产品出口的影响，还没有学者进行全面系统的研究。

2.3 本章小结

本研究的理论依据是幼稚产业保护理论、新要素禀赋理论和产业国际竞争力理论。与其他产业部门相比较，传统农业是一个先天不足的弱势产业，具有生产力落后、生产周期长、风险高、收益低、资金周转速度慢和市场竞争力弱等特点。中国可以充分利用政策性农业保险这一重要工具支持农业生产和提升农业国际竞争力。政策性农业保险可以看作是不同于传统生产要素的一种新的要素，能够形成比较优势从而促进农产品出口贸易。除生产要素、需求因素、相关及支持产业和企业战略及其结构以外，一国产业所面临的机遇和政府政策，也是形成国际竞争力的辅助条件。政府因素是指政府通过政策调节、创造机会和政府采购等方式来创造竞争优势，例如实施有利的产业政策、发展基础设施和制定竞争规范等。

本书主要从三个方面对相关文献进行了梳理：

1. 关于农业保险和政策性农业保险的研究

大多数学者认为农业保险和政策性农业保险能促进农业生产。少数学者认为农业保险抑制了农业生产或对农业产出的影响不显著。政策性农业保险一般能促进农民收入的提高。

2. 关于农产品出口影响因素的研究

学者们运用贸易引力模型研究发现促进农产品出口贸易的因素主要包括农产品保护政策、经济规模、出口保险、签订贸易协定和贸易便利化水平等；地理距离、关税水平、汇率波动以及检测标准的提高等主要因素抑制了农产品出口贸易。部分学者使用了恒定市场份额模型来实证分析农产品贸易的影响因素。多数学者认为需求效应、竞争力效应和结构效应能拉动农产品出口的增长。部分学者认为结构效应和竞争力效应是制约因素。关于农产品出口扩展边际影响因素的研究，经济规模、人均收入水平和自由贸易协定等对农产品出口扩展边际产生正向影响，关税水平、贸易距离、出口固定成本等对农产品出口扩展边际产生负向影响。关于农产品国际竞争力的影响因素，农业技术创新、开放程度提高和农业补贴等有利于提高农产品国际竞争力，绿色贸易壁垒、农业支持政策、农村人口转移和农业劳动力成本上升等会导致农产品国际竞争力下降。

3. 农业保险对农产品出口规模影响的研究

关于农业保险对农产品出口规模的影响，有以下几种观点：①农业保险有利于农产品出口规模的增长；②农业保险对农产品出口规模的影响不确定；③农业保险抑制了农产品的出口规模。

通过对国内外文献进行梳理发现，关于农产品出口及其竞争力的影响因素的相关研究，已经产生了许多重要的研究成果，为本书的研究提供了坚实的理论依据和丰富的实证基础，但仍然存在着一些不足：①研究方法较为单一，学者们主要采用贸易引力模型或恒定市场份额模型来进行研究，单独使用一种方法进行研究难免存在着一些不足之处。②研究视角还不够全面。目前以"农业保险 + 出口"为主题在国内外数据库中搜索，只有几篇相关的文献，表明从政策性农业保险的视角来分析农产品出口贸易影响因素的研究成果极少。关于农业保险对农产品国际竞争力的影响相关研究，目前以"农业保险 + 竞争力"为主题在国内外数据库中进行搜索，没有相关文献，表明将农业保险与农产品国际竞争力结合起来研究的成果几乎没有。③研究数据较为陈旧，之前学者们主要采取的是 10 年前的数据来研究。

3.1 中国农业保险的历史与现状

3.1.1 农业保险发展历程

虽然中华人民共和国成立之前也有农业保险的存在，但是当时中国处于半封建、半殖民地状态，经济非常落后，保险业很不发达。所以本书重点梳理新中国成立之后的农业保险发展状况。

中国农业保险发展历程主要包括以下几个阶段：

第一阶段，探索阶段（20世纪50年代）。新中国成立后，中国政府开始试办农业保险，以支持农业和国民经济的发展。1950年，中国人民保险公司在山东、北京、新疆和四川等地区试办了牲畜保险。随后又在山东、江苏和陕西等省份试办了农作物保险。农业生产的恢复与发展得益于农业保险业务的逐步恢复。1953年，根据第三次全国保险工作会议确定的工作方针，暂时停办了非迫切需要的农业保险业务。1955年，中国人民保险公司第四次全国保险工作会议提出了重点恢复农业保险业务。一些地区首先恢复办理牲畜自愿保险，主要是对农作物保险进行调查研究，做准备工作。1956年，第五次全国保险工作会议对农业保险工作进行了规划，对开展农业保险业务增加了动力。1958年，当中国成立人民公社以后，决策部门认为人民公社具备防范风险、分担损失和保障农业生产的能力，全国财政会议决定立即停办农业保险在内的国内保险业务。自此中国农业保险进入了长达24年的空白期。

第二阶段，恢复经营阶段（1982至1992年）。改革开放后，为了稳定农业生产，党中央、国务院及时做出了恢复发展农业保险的决定。中国人民保险公司开始试运营牲畜保险，逐步开发新险种，扩大服务范围，将承保对象从最初的耕牛扩大到粮食作物、经济作物及其他作物、大小牲畜、家禽和水产品等。为了支持农业保险的发展，财政部对农业保险给予了免征工商税的优惠政策。

从 1982 年开始试点直到 1992 年，农业保险在这一阶段得到了快速平稳的发展。这一阶段虽然农业保险规模逐步扩大了，政府也给予开展农业保险业务的人保公司一定的优惠政策，但仍缺乏系统的管理。另外也没有出台相应的法律法规，这些都是下一个阶段农业保险进入萎缩状态的重要原因。

第三阶段，商业化阶段（1993 至 2003 年）。自十四大明确提出建立社会主义市场经济体制的目标以后，农业和农村经济制度的市场化改革进程逐步加快。1996 年以后，农业保险归由中国人民保险（集团）公司下属的中保财产保险公司经营。作为国有独资的商业性保险公司，中保财产保险公司在兼顾商业保险利益的前提下，停办了一些长期亏损的险种，基本撤销了各级农业保险机构，地方的农业保险工作再次萎缩。最终各类保险公司纷纷退出了农业保险市场。截至 2004 年，只有一小部分地区还在开展农业保险业务。总之，农业保险自身的特性决定其并不适应商业化的经营模式。

第四阶段，复苏发展阶段（2004 至 2006 年）。这一阶段虽然只有短短三年时间，但这是中国农业保险从纯商业性转化为政策性保险的准备和过渡阶段。农业保险是世界贸易组织允许各国支持农业发展的"绿箱"政策。国家应该按照国际通行惯例采取财政和金融等措施支持农业保险。中国政府文件首次明确提出"探索建立政策性农业保险制度"是在党的十六届三中全会（2003 年）报告中。这一阶段中国逐步形成了以中国人保、中华联合两家全国性保险公司，以及上海安信、吉林安华和黑龙江阳光等专业性保险公司为主，其他保险公司参与的农业保险经营网络。由于受到政府的重视和积极推动，这一阶段农业保险扭转了持续下跌的局面。

第五阶段，蓬勃发展阶段（2007 年至今）。2007 年，中央财政将农业保险保费补贴列入财政预算科目，标志着中国政策性农业保险正式开始实施，这是中国农业保险发展历史上的新起点。这一阶段中国农业保险呈现以下特点：①中央一号文件高度关注农业保险；②政府不断加大对农业保险的财政支持；③《农业保险条例》的出台；④农业保险呈现快速发展状态。

3.1.2 中国对农业保险的支持政策

2004 至 2019 年，中共中央、国务院发布了 16 个指导中国农业和农村发展的一号文件，这16 个文件均对中国农业保险问题提出了具体发展思路。中国农业保险获得了良好的发展机遇，渐渐进入了平稳发展时期。中央一号文件关于农业保险发展要求的主要内容如表 3.1 所示。

表 3.1　2004 年以来中央一号文件对农业保险发展要求的主要内容

年份	中央一号文件对农业保险发展要求的主要内容
2004	这是在 2002 年《中华人民共和国农业法》之后，中央第一次提出加快建立政策性农业保险制度，并提出"有条件的地方"给予投保农户保费补贴，但是还没有考虑将此作为中央的政策
2005	政策实施的背景是 2004 之后，最重要的财产保险公司放弃了农业保险业务，新成立的几家商业性农业保险公司加入了农业保险的行列
2006	有的地区给予龙头企业养殖保险保费补贴支持，中央希望有助于农业保险的推进
2007	从 2007 年起中央财政将农业保险保费补贴列入预算科目。明确提出"各级财政对农户参加农业保险给予保费补贴"的政策意见，清晰地界定了农业保险是政府的强农惠农政策，农业保险补贴主要由政府承担
2008	提出稳步扩大农业保险试点，除了粮食作物保险，还有对生猪和奶牛保险的支持，对林业保险的支持，并再次强调农业巨灾风险转移问题
2009	中央提出了加大对中西部农业保险的保费补贴力度；作为对一号文件的落实，中央财政对中西部农业保险保费补贴从 25% 提高到 35%
2010	中央财政将最初补贴的五种作物（小麦、水稻、玉米、大豆、棉花）进一步扩大到油料作物（包括油菜籽、花生、芝麻等）和糖料作物（甘蔗、甜菜）
2011	扩大森林保险保费补贴试点范围
2012	考虑到中央财政的压力，鼓励地方政府对中央补贴目录之外的地方优势农产品的农业保险进行保费补贴；第一次提出由财政补贴种子生产保险，第一次提出扶持发展渔业互助保险的问题
2013	开展农作物制种、渔业、农机、农房保险和重点国有林区森林保险保费补贴试点。再次提出建立中央支持的农业保险大灾风险分散机制
2014	提出"逐步减少或取消产量大县县级保费补贴"和"不断提高稻谷、小麦、玉米三大粮食品种保险的覆盖面和风险保障水平"。鼓励保险机构开展特色优势农产品保险，有条件的地方提供保费补贴，中央财政通过以奖代补等方式予以支持。规范农业保险大灾风险准备金管理，加快建立财政支持的农业保险大灾风险分散机制
2015	提出"探索农产品价格保险"；加大中央、省级财政对主要粮食作物保险的保费补贴力度

年份	中央一号文件对农业保险发展要求的主要内容
2016	探索开展重要农产品目标价格保险，以及收入保险、天气指数保险试点。探索建立农业补贴、涉农信贷、农产品期货和农业保险联动机制。进一步完善农业保险大灾风险分散机制
2017	鼓励地方多渠道筹集资金，支持扩大农产品价格指数保险试点。探索建立农产品收入保险制度
2018	开始探索三大主要粮食作物（稻谷、小麦、玉米）的完全成本和收入保险试点
2019	推进稻谷、小麦、玉米完全成本保险和收入保险试点。扩大农业大灾保险试点和"保险＋期货"试点。探索对地方优势特色农产品保险实施以奖代补试点

资料来源：根据 2004 年至 2019 年中央一号文件整理得出。

中国不仅每年发布中央一号文件对发展政策性农业保险的问题提出了指导意见，而且还专门出台了其他指导性文件和条例等。2006 年，国务院出台了《国务院关于保险业改革发展的若干意见》。自 2013 年 3 月 1 日起中国《农业保险条例》正式实施，标志着中国农业保险业务有了法律保障。2015 年 11 月宣布对中央财政补贴保费、涉及 15 类农作物和 6 类养殖品种的 738 个农业保险产品全面升级。2016 年 9 月 1 日，中国保监会公布了《中国保险业发展"十三五"规划纲要》，明确了要落实《农业保险条例》。2018 年 9 月，中共中央、国务院印发了《乡村振兴战略规划（2018—2022 年）》，提出要完善农业保险政策体系，设计多层次、可选择、不同保障水平的保险产品。发展农产品期权、期货市场，扩大"保险＋期货"试点，探索"订单农业＋保险＋期货（权）"试点。

3.1.3 中国农业保险的实施情况

一国或地区的农业保险的发展情况和成熟程度可以用农业保险深度[①]和农业保险密度[②] 这两个指标来衡量。在顶层设计、财政补贴以及监管的

---

① 农业保险深度是农业保险保费收入占农林牧渔业总产值的比例，反映了农业保险在该国或地区的农业经济中的地位。
② 农业保险密度是农业保险保费收入与农业人口的比值，可以反映出一个国家或地区农业保险的发展情况和普及水平。

共同推动下，自从 2007 年开始实施了中央财政农业保险保费补贴政策，中国农业保险业务呈现快速发展趋势。从表 3.2 可以看出，2007 年是中国农业保险深度和密度提高的明显分界点。2007 年之前，中国农业保险深度非常低，基本都低于 0.05%。2007 年之后农业保险深度上升较快，2016 年，保险深度已经达到 0.66%。2007 年之前的农业保险密度都低于 3 元 / 人。2016 年，农业保险密度已经达到的 194.32 元 / 人。从表 3.2 还可以看出，农业保险保费收入从 2007 年的 53.33 亿元增长到 2016 年的 417.71 亿元，增长了 7 倍多。农业保险赔付支出从 2007 年的 29.75 亿元增长到 2016 年的 299.24 亿元。

表 3.2　农业保险保费收入和赔付支出

	农业保险保费收入（亿元）	农业保险赔付支出（亿元）	保险密度（元 / 人）	保险深度（%）	保险赔付率
1998	7.15	5.63	2.03	0.05	0.79
1999	6.32	4.86	1.77	0.04	0.77
2000	4.00	3.00	1.11	0.03	0.75
2001	3.00	3.00	0.82	0.02	1.00
2002	5.00	4.00	1.36	0.03	0.80
2003	4.64	3.45	1.28	0.03	0.74
2004	4.00	3.00	1.15	0.02	0.75
2005	7.00	6.00	2.09	0.03	0.86
2006	8.48	5.91	2.65	0.04	0.70
2007	53.33	29.75	17.35	0.19	0.56
2008	110.68	64.14	36.99	0.34	0.58
2009	133.93	95.18	46.36	0.39	0.71
2010	135.86	95.96	48.64	0.35	0.71
2011	174.03	81.78	65.44	0.38	0.47
2012	240.60	131.34	93.35	0.47	0.55
2013	306.59	194.94	126.84	0.55	0.64

	农业保险保费收入（亿元）	农业保险赔付支出（亿元）	保险密度（元／人）	保险深度（%）	保险赔付率
2014	325.80	205.80	142.96	0.56	0.63
2015	374.90	237.10	171.04	0.62	0.63
2016	417.71	299.24	194.32	0.66	0.72

数据来源：根据 1999 年至 2017 年的《中国统计年鉴》和《中国保险年鉴》整理得出。

3.2 政策性农业保险的合规性分析

3.2.1 符合世界贸易组织的补贴规则

世界贸易组织的《补贴与反补贴措施协定》将补贴分为禁止性补贴、可诉补贴和不可诉补贴。不可诉补贴是不具有专向性的（不针对特定企业、产业和地区的，可普遍获得的）或者符合特定要求的专向性补贴。符合特定要求的专向性补贴包括研发补贴、贫困地区补贴、环保补贴和对灾害的保险补贴等。农业保险保费补贴是属于不可诉补贴的范畴。

齐皓天等（2017）结合 WTO 规则和美国的 WTO 通报数据分析了美国利用农业保险补贴规避 WTO 规则约束的策略和影响，对中国农业保险补贴政策具有重要的借鉴意义。中国政府应当充分利用 WTO《补贴与反补贴协议》的相关规定，不断完善农业保险补贴政策，大力发展农业保险业务，促进农产品出口贸易，提高中国农产品的国际竞争力。

3.2.2 符合世界贸易组织的农业贸易规则

世界贸易组织《农业协定》将国内支持政策按照是否对生产和贸易产生扭曲以及扭曲程度，划分为"绿箱""黄箱"和"蓝箱"三个政策层面。

所谓"绿箱"政策是指对生产和贸易不造成扭曲影响或影响微弱的农业支持政策，主要包括农业科研、病虫害控制、培训、推广和咨询服务、检验服务、农产品市场促销服务、农业基础设施建设等政府一般性服务；为保障粮食安全而提供的储存补贴；国内粮食援助补贴等。此类政策不受 WTO 规则约束。政策性农业保险补贴属于"绿箱"范畴。在现行的 WTO 规则下，农业保险是国际上重要的非价格农业保护工具。WTO 成员多采用政策性农业保险这一"绿箱"政策，给予农业生产支持。Glauber（2015）认为农业保险项目是一项"绿箱政策"，即是对贸易的影响最小的国内支持措施。农业保险项目在过去 25 年中已经大幅度增加，现在是许多国家国内支持项目的组成部分，不仅是发达国家，重要的新兴市场国家也是如此。

"黄箱"政策是指会对农产品生产和贸易有明显扭曲作用的国内支持政策。具体措施包括：政府对农产品的价格支持和补贴，种子、肥料、灌溉等农业投入品补贴，农产品营销贷款补贴、休耕补贴等直接补贴。WTO 的《农业协议》规定按照"综合支持量"（AMS，Aggregate Measurement of Support）来衡量"黄箱"政策补贴的支持水平，并且要求在约束该类补贴的基础上逐步进行削减。

"蓝箱"政策是指限产条件下的直接支付免于削减承诺，被认为是价格支持的一种特例。具体包括：一是按限定的农作物生产面积或农产品产量提供相应的补贴；二是按基期生产水平的 85% 及以下的产品数量提供补贴；三是按固定的牲口数量提供相应补贴。"蓝箱"不包括在综合支持量中，因此免于削减。

3.3 政策性农业保险对农业生产及出口的影响机理

3.3.1 政策性农业保险对农业生产的影响机理

政策性农业保险是一项支农惠农的政策，其实施效果体现在宏观经济上，但必须在一定的微观层面上才能实现。因此，在分析农业保险对农业生产的影响机理时，有必要分析农业保险对农户生产行为的作用机理。主要表现为以下两种情况：

一是通过分散农业风险，增加获得农业保险保费补贴的农产品的产量。政策性农业保险能够给农民的生产经营活动提供较为充分的保障，有利于提高农民参与农业生产的积极性，农民通过缴纳少量的保费，便可以获得数倍的风险保障，解决了农民的后顾之忧，使农民敢于扩大再生产，从而提高农产品产量。如果发生了农业风险并且造成损失，农业保险可以使农民在农业灾害后获得相应的赔付，使其有充足的资金进行自救，可以用这些赔偿款进行再生产，以促进农产品产量增加。长期在某地区实行政策性农业保险，可以增强农民对于新型农业生产技术的使用，改变农民的生产方式，达到利用农业保险有效分散农业风险的目的。因此，农业保险可以通过改变农民生产方式，选择新型农业生产技术，进而促进作物产量增长。投保农户相对于未投保农户具有更高的安全保障，这会刺激农民积极投入，增加农产品产量。

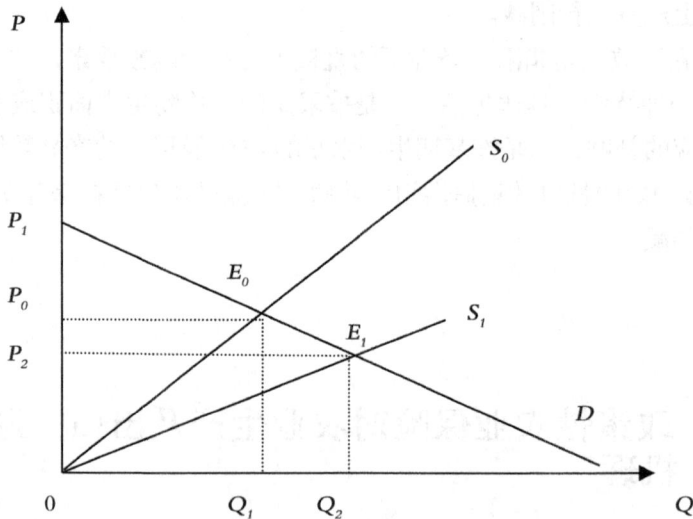

图 3.1　农业保险对农产品产量影响的模型

如图 3.1，横坐标 Q 表示农产品数量，纵坐标 P 表示农产品价格，D 是农产品的需求曲线。当农民没有参与农业保险时，由于农业风险不能得到转移，供给曲线 S_0 中包含了农业生产中分散风险的成本，这些成本必须由农业生产者自己来承担。农产品的需求曲线为 D，均衡点则为 E_0。当农户参与农业保险之后，保险降低了农户用于分散风险的成本，使得原来的供给曲线 S_0 向右下方移动到 S_1。农产品生产将会达到一个新的均衡点 E_1，均衡产量由 OQ_1 增加至 OQ_2。由于保险市场中存在道德风险和逆向选择等问题，导致经营成本比较高，尤其是农业保险。如果政府不进行保费补贴，一方面商业银行不愿意经营，另一方面，农民也会因为保费较高而无力购买或不愿意购买农业保险。因此，政府必须对承保农户进行保费补贴。本书所研究的政策性农业保险即是获得政府保费补贴的农业保险，农户购买政策性农业保险后，在生产上投入更多，在一定程度上会促进农产品产量的增加。

二是通过改变农民生产决策，提高农产品产量。政策性农业保险并没有覆盖所有的农产品，因此有些农产品能获得农业保险保费补贴，而有些则不能获得。参加保险的农户可以享受到政府补贴，意味着农户的生产成本有所降低。农户在比较了生产的成本和收益之后，就可能会改变生产决策，转而生产能获得农业保险保费补贴的农产品。例如，去种植有农业保险保费补贴的作物或养殖有农业保险保费补贴的牲畜，最终会导致获得农业保险保费补贴的农产品产量与之前相比有所提高。因此，对农业保险实行高补贴政策，会改变农民的生产决策。

3.3.2　政策性农业保险对农产品出口贸易的影响机理

生产补贴（Production Subsidy）是指政府为促进某一产业的发展，对企业所生产的产品给予津贴，其产品无论是用于出口还是国内销售，只要企业生产了按规定应当给予补贴的产品，都可以享受政府所提供的补贴。生产补贴能使生产企业降低生产成本从而降低生产价格，提高该产品在国际市场上的竞争力。生产补贴甚至可以使生产企业在价格低于成本的情况下，由于获得生产补贴而减少亏损甚至获得利润。为了扩大出口和提升某产品在国际市场上的竞争力，政府还可以给予出口补贴。出口补贴的特点是政府提供的出口补贴，只给予生产企业用于出口的产品，而用于国内销售的部分不享受。但生产补贴，无论该产品是否出口，政府都给予补贴。

假设某产品的出口小国（简称"小国"）进行了生产补贴，其静态经济效应如图 3.2 所示。

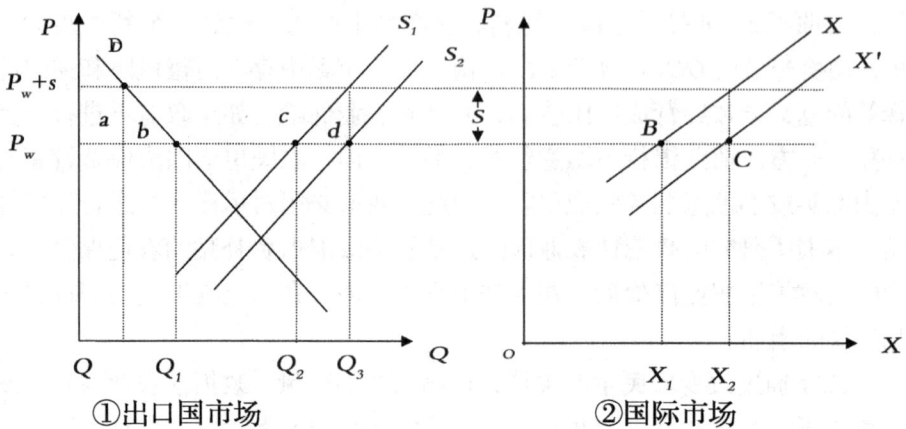

图 3.2　小国的出口补贴效应

图 3.2 中，①为小国出口情况，②为国际市场情况。图 3.2 ①中的 S、D 分别为某小国市场的供给、需求曲线。P_w 为该国的国内价格、出口价格及国际市场价格线（自由贸易条件下）。在 P_w 的价格水平下，出口国的供给量为 OQ_2，国内需求量为 OQ_1，出口量为 Q_1Q_2。如果政府为鼓励该产业的发展，给予生产企业每单位产品 s 元的生产补贴，对于生产企业而言生产产品的单位成本降低了。供给曲线 S_1 向右平移至 S_2，供给量从 OQ_2 增加到 OQ_3。从图 3.2 ②国际市场来看，生产补贴使该产品的出口量从 X_1 增加到 X_2（因为出口小国不影响国际市场价格）。

由于政府提供的生产补贴，并不区分补贴的产品是供给国内还是出口，因此补贴后国内市场价格仍为原来的价格 P_w，国内的需求量仍为 OQ_1，不会发生变化，但政府补贴使生产企业扩大了生产，因此企业把增加的产量全部用于出口。因生产补贴而对出口国经济产生的福利效应如下：

一是由于需求不受影响，所以消费者剩余没有变化；二是生产者剩余增加 $a + b + c$；三是在生产补贴的情况下，政府支出增加了 $a + b + c + d$，等于补贴额 s 乘以母国产量 OQ_3。因此，出口国的总福利水平为

$$(a + b + c) - (a + b + c + d) = -d$$

从理论上讲，一般认为生产补贴相对于出口补贴所造成的福利损失较

低，是实现出口国供给目标较好的政策工具。但生产补贴需要政府更大的财政支出，特别是对于经济发展水平较低的欠发达国家的政府而言，为了促进出口贸易而对国内生产提供相应的补贴，会加重政府的财政压力。

与此相反，某产品的出口大国（简称"大国"）出口变化会明显影响国际市场价格。

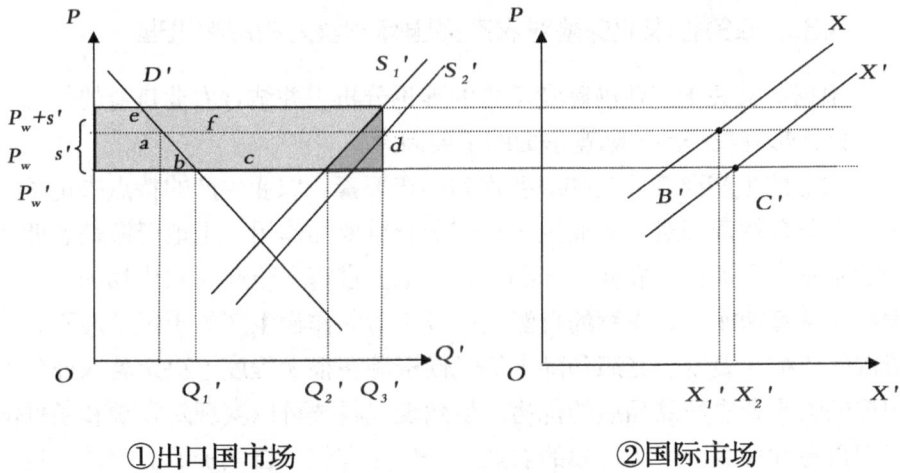

①出口国市场　　　②国际市场

图 3.3　大国的生产补贴效应

如图3.3所示，政府损失了阴影部分的面积 $(a + b + c + d + e + f)$。生产者相当于卖出了 $P_w' + s'$ 的价格，生产者剩余增加了 $(e + f)$ 的利益。消费者增加了 $(a + b)$ 的利益。因此，综合利益为：

$$-(a + b + c + d + e + f) + (a + b) + (e + f) = -(c + d)$$

由此说明，某一产品的出口大国，政府采取补贴生产的模式促进出口，可以扩大生产、促进出口，生产者和消费者均可以获得利益，但政府付出较大，而且国家综合利益为负。

总之，无论是小国还是大国，生产补贴都会使获得补贴的产品出口量增加。而出口补贴则有很大不同。生产补贴的对象是所有符合条件的国内企业，并不仅仅是出口企业。而政府提供的出口补贴只对用于出口的产品给予补贴，而用于国内销售的产品不能够享受补贴。生产补贴的直接目的是帮助企业改善生产经营活动，而不是鼓励出口。正因如此，WTO 较少关注生产补贴和其他形式的国内产业支持政策，主要是因为与出口补贴相比，这些政策对国际市场价格的影响较小，无谓损失也较小。政策性农业保险保费补贴就属于生产补贴的范畴，因为这种补贴不是专门针对出口农产品的，而是针对所有符合要求的农业生产活动。

3.3.3 政策性农业保险对农产品国际竞争力的影响机理

根据前文关于产业国际竞争力的理论分析，并结合农业自身的特点，继续分析影响农产品国际竞争力的主要因素。

农业的生产要素分为初级要素和高级要素。农业生产的特点决定了要素禀赋与自然资源对于农业生产具有十分重要的作用。土地资源是农业生产的基本生产资料。农业生产必须在土地上进行，土地对农作物的生长发育具有培育功能。农作物的自然生产或是对农作物生产的干预都离不开水资源的支撑。温度、光照和降水等气候资源在很大程度上决定着农业生产规模的大小和农产品品质的优劣。虽然现代科技可以实现对资源和条件的局部再造和控制，但大规模的农业生产仍然有赖于自然资源。因此，自然资源是农业国际竞争力的基本要素。

农业技术水平是提高农业生产率的重要变量，是突破资源约束和开发农业增长潜力的源泉，是由比较优势转变为竞争优势的关键所在。现代技术对农业发展的影响已经渗透到各个方面：农业制造技术能够提高农业的机械化水平并更好地促进农业发展；农业信息技术包括遥感技术、地理信息系统和全球定位系统的应用，能实现农业各种信息的采集、处理、存储和传播，对农业的生产经营、战略决策和资源配置产生重要作用，同时还有助于农业科研成果的转化。在合理利用农业生物技术的情况下，能够提高农作物产量和质量，还有助于提高畜牧业的生产率水平。某些关键技术的重大突破，能使农业国际竞争力发生革命性的变化。

资本在现代农业经济发展中具有极为重要的作用。农业投资所形成的固定资本和流动资本是现代农业生产必不可少的物质基础。农村人力资本是农业经济增长的重要源泉，对于农业国际竞争力具有关键作用。农村人力资本有助于提高农业生产力，加强农业资源配置能力。随着农业产业分工的细化，农产品加工深度的提高，农业生产对技术劳动的需求越来越多。

随着经济的发展和人民物质生活水平的日益提高，国内消费者对农产品质量和安全要求越来越高，需求层次的提升将要求农业生产者更加注重提高农产品品质，以增强农产品的竞争力，从而影响农业国际竞争力。

农业生产的组织结构，直接关系到农业生产的专业化和规模化程度，也直接决定资源的配置方式和效率，影响到农产品的质量和成本。农产品的营销组织体系直接决定了农产品销售的完成程度、效率与成本，并反过来影响农业的生产。

农业的相关产业是否具有竞争力，对于促进产业的国际竞争力具有重要意义。农业的上游产业主要包括种子、农药、化肥和农机等农资行业。中游主要指种植业和养殖业，下游包括农产品的仓储、加工、运输和贸易等环节。这些相关产业的竞争优势，直接影响到农业是否具有国际竞争力。

农业政策的完善和调整能有效激发农民的生产积极性，促进农业资源的合理利用，增加农民收入，促进农村经济的发展。科学合理的国际贸易政策不仅有助于稳定国内市场，维持良好的国内市场环境，也有助于提高本国农业的竞争力。

3.4 本章小结

中国农业保险先后经历了探索阶段（20世纪50年代）、恢复经营阶段（1982至1992年）、商业化阶段（1993至2003年）、复苏发展阶段（2004至2006年）以及蓬勃发展阶段（2007年至今）。

2004至2019年，中共中央、国务院发布了16个指导中国农业和农村发展的一号文件，这16个文件均对中国农业保险问题提出了具体发展思路。中国不仅每年发布中央一号文件对发展政策性农业保险问题提出指导意见，而且还专门出台了其他指导性文件和条例等。中央财政将农业保险保费补贴列入财政预算科目（2007年），标志着中国政策性农业保险正式开始实施，成为中国农业保险发展历史上的新起点。2007 年是中国农业保险深度和密度提高的明显分界点：2007 年之前，中国农业保险深度和密度都非常低；2007 年之后，中国农业保险深度和密度提升较快。

政策性农业保险补贴属于世界贸易组织《补贴与反补贴措施协定》中的不可申诉性补贴。政策性农业保险属于世界贸易组织允许实施的"绿箱"政策，是对生产和贸易不造成扭曲影响或影响微弱的支持政策。

政策性农业保险是一项支农惠农的政策，其实施效果体现在宏观经济上，但必须在一定的微观层面上才能实现。因此，在分析农业保险对农业生产的影响机理时，有必要分析农业保险对农户生产行为的作用机理：一是通过分散农业风险，增加获得农业保险保费补贴的农产品的产量；二是通过改变农民生产决策，提高农产品的产量。

生产补贴的对象是所有符合条件的国内企业，并不仅仅是出口企业。而政府提供的出口补贴只对用于出口的产品给予补贴，而国内销售的产品不能够享受补贴。生产补贴的直接目的是帮助企业改善生产经营活动，而不是专门鼓励出口。正因如此，WTO 较少关注生产补贴和其他形式的国内产业支持政策。政策性农业保险保费补贴就是属于生产补贴的范畴，因为这种补贴不是专门针对出口的，而是针对所有符合要求的农业生产者。无论是小国还是大国，生产补贴都会使获得补贴的农产品出口量增加。

农业政策的完善和调整能有效激发农民的生产积极性，促进农业资源的合理利用，增加农民收入，促进农村经济的发展。政策性农业保险是一项政府扶持政策，根据产业国际竞争力理论，政策性农业保险有助于提升中国农产品国际竞争力。

第4章

中国政策性农业保险对农业生产及出口影响的初步验证

4.1 中国农业生产及出口取得的成就

4.1.1 中国农业生产取得的成就

1. 农业生产能力大幅度提高

改革开放以来，中国农村制度创新、农业技术进步以及农业投入的增长提升了中国农业的生产能力。中国农业蓬勃发展，农林牧渔业取得了长足进步。2004年，中国政府制定了一系列惠农惠民政策。例如，全国范围内取消了农业税，启动了农业直接补贴和大宗农产品的托市政策。如图4.1所示，中国农业从2004年开始走出了1997年以来的低速发展阶段，农林牧渔业总产值从2004年的36238.99亿元攀升至2017年的109331.72亿元。

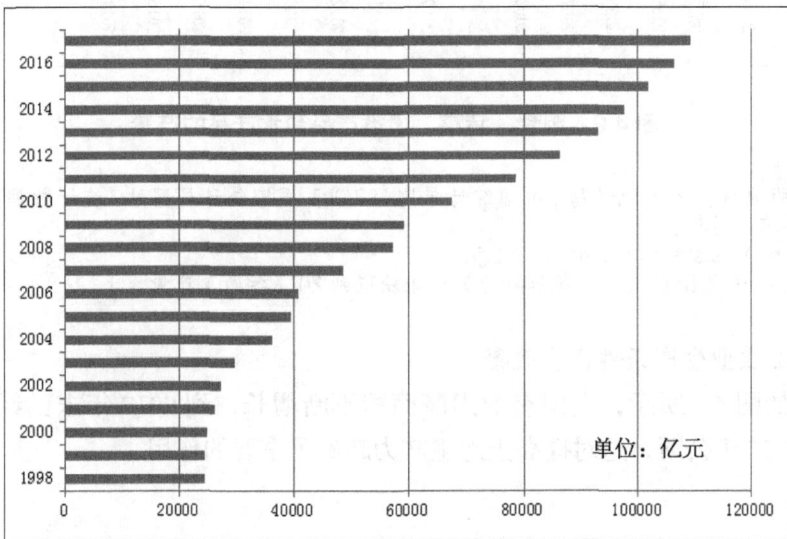

图4.1　中国农林牧渔业总产值

数据来源：国家统计局.中国统计年鉴[EB/OL].国家统计局网站/统计数据/中国统计年鉴（历年）.
http://www.stats.gov.cn/tjsj/ndsj/.

如图 4.2 所示，在粮食总产量增长的同时，蔬菜的产量增长较快，肉类、水产品等农产品的产量也比较稳定。2017 年，粮食总产量已经达到了66160.72 万吨。

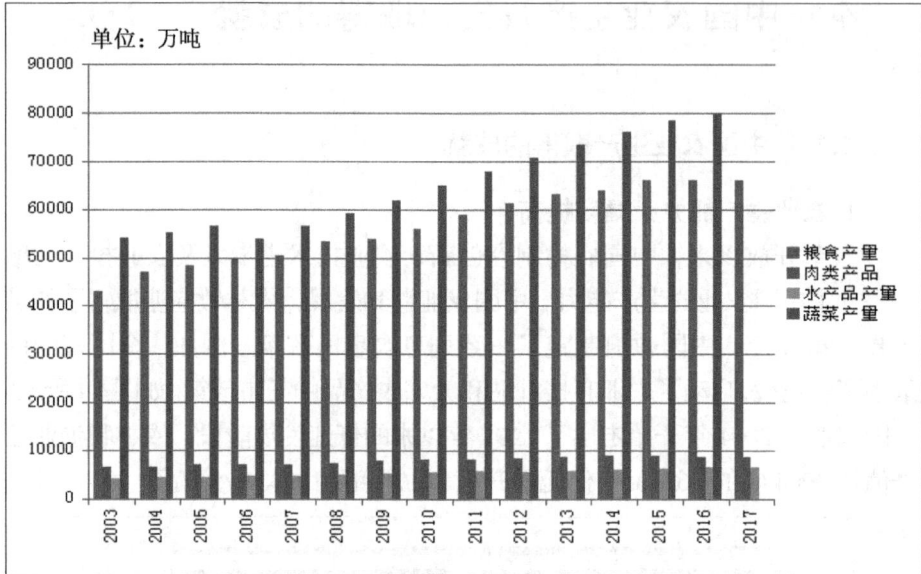

图 4.2　粮食、蔬菜、肉类产品和水产品的产量

数据来源：国家统计局.中国统计年鉴 [EB/OL].国家统计局网站/统计数据/中国统计年鉴（历年）.
http://www.stats.gov.cn/tjsj/ndsj/.
（注：从 2018 年《中国统计年鉴》中未获取到 2017 年蔬菜产量。）

2. 农业生产条件逐步改善

如图 4.3 所示，全国有效灌溉面积不断增长，到 2017 年末已经达到67815.57 千公顷，这对提高土地生产力起到了重要的作用。

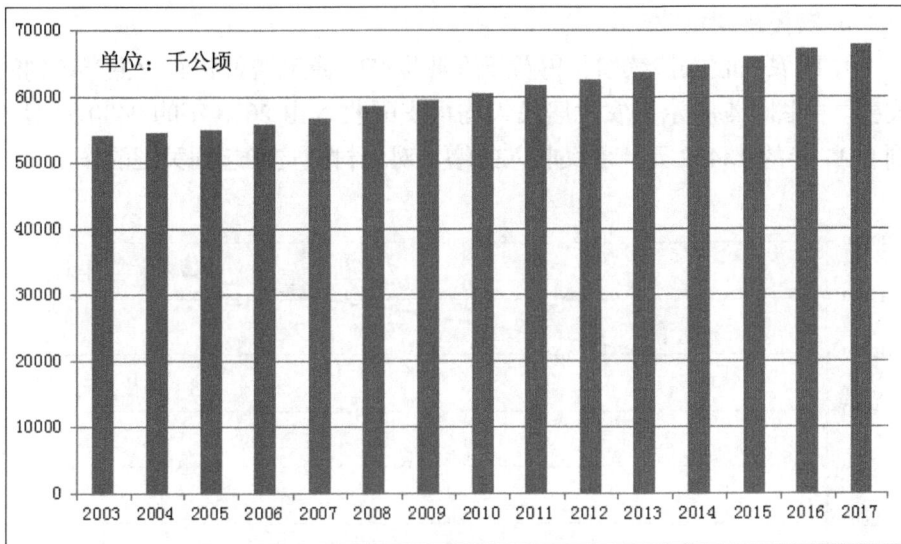

图 4.3　全国有效灌溉面积

数据来源：国家统计局 . 中国统计年鉴 [EB/OL]. 国家统计局网站 / 统计数据 / 中国统计年鉴（历年）. http://www.stats.gov.cn/tjsj/ndsj/.

由于农业技术的不断提高，中国的设施农业规模不断扩大。目前中国应用较广泛的设施农业为塑料大棚和日光温室等。如表 4.1 所示，2006 年末，全国温室面积和大棚面积仅 8.1 万公顷和 46.5 万公顷。到 2016 年末，全国温室占地面积已经达到 33.4 万公顷，大棚占地面积更是提高到 98.1 万公顷。设施农业的蓬勃发展丰富了栽培作物的品种，提高了农业经济效益。

表 4.1　设施农业发展情况

区域、年份 设施农业面积	全国		东部地区		中部地区		西部地区		东北地区	
	2006	2016	2006	2016	2006	2016	2006	2016	2006	2016
温室面积（万公顷）	8.1	33.4	3.1	13.0	11.1	4.1	2.1	9.5	18	6.9
大棚面积（万公顷）	46.5	98.1	26.2	47.4	7.5	18.6	6.3	21.5	6.5	10.6

数据来源：① 国家统计局 . 第二次全国农业普查主要数据公报（第二号）[EB/OL]. 国家统计局网站 / 统计数据 / 统计公报 / 农业普查公报 / 全国农业普查公报 . [2008-02-22]. http://www.stats.gov.cn/tjsj/tjgb/nypcgb/qgnypcgb/200802/t20080222_30462.html.
②国家统计局 . 第三次全国农业普查主要数据公报（第二号）[EB/OL]. 国家统计局网站 / 统计数据 / 统计公报 / 农业普查公报 / 全国农业普查公报 . [2017-12-15]. http://www.stats.gov.cn/tjsj/tjgb/nypcgb/qgnypcgb/201712/t20171215_1563539.html.

3. 农民持续增收

中国农民收入持续增长得益于农业生产的稳定增长和农业生产结构的改善。如图 4.4 所示，农村居民人均可支配收入由 2013 年的 9430 元增加到 2017 年的 13432 元。农民收入的增加对农村减贫能起到关键的作用。

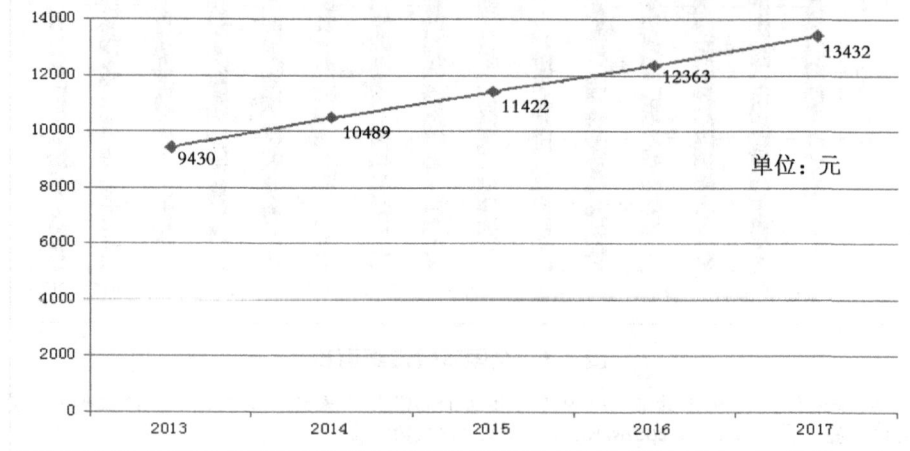

单位：元

图 4.4　中国农民人均可支配收入

数据来源：国家统计局 . 中国统计年鉴 [EB/OL]. 国家统计局网站 / 统计数据 / 中国统计年鉴（历年）. http://www.stats.gov.cn/tjsj/ndsj/.

4.1.2 中国农产品出口贸易的主要成就

1. 农产品出口贸易规模持续增长

自从中国加入世贸组织以后，中国农业开放水平不断提高。从农产品出口贸易规模来看，农产品出口贸易整体处于上升态势。如图 4.5 所示，农产品出口额从 2003 年的 212.4.2 亿美元增长到了 2017 年的 751.4 亿美元，增长了 3 倍多。2009 年受美国次贷危机的冲击，农产品出口额出现了负增长。2011 年中国农产品出口额突破了 600 亿美元，标志着中国农产品贸易迈向了新的台阶。

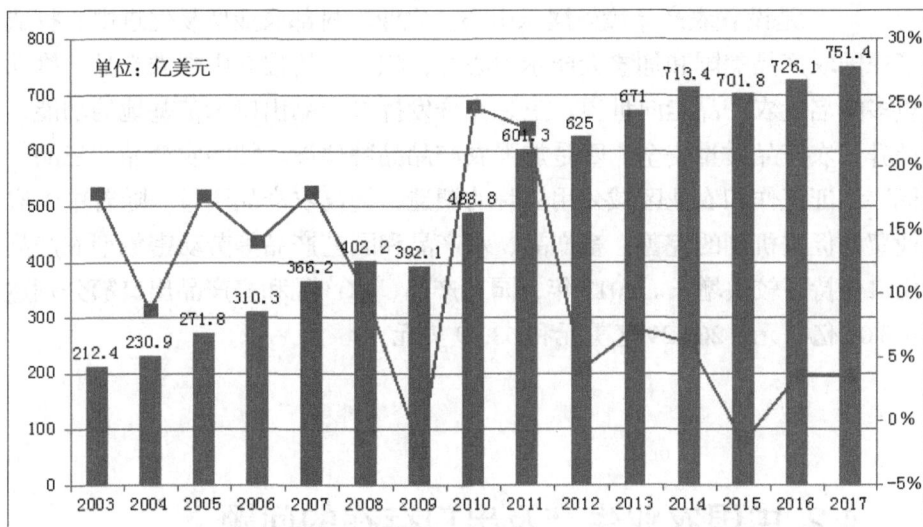

图 4.5　2003 至 2017 年农产品出口额及出口增长率

数据来源：中华人民共和国商务部对外贸易司 . 中国农产品进出口月度统计报告 [EB/OL]. 商务部网站 / 专题信息 / 农产品贸易专题 / 农产品贸易月度统计报告（历年）. http://wms.mofcom.gov.cn/article/ztxx/ncpmy/ncpydtj/200603/20060301783733. shtml.

随着市场的不断开放，农产品出口规模不断扩大，农产品出口的年平均增长率为 14.78%。如图 4.5 所示，2003 年以来，农产品出口的增长率整体上呈不断上升的趋势，由 2003 年的 17.9% 上升到 2010 年的 24.7%。由于全球经济危机的影响，农产品出口出现了负增长。经济危机影响减弱之后，2010 年和 2011 年农产品出口增长率快速回升至 24.7% 和 23%。2012 年至 2017 年，农产品出口增速逐渐放缓，远远低于之前的年份，出口增长率最快的是 2013 年，也只有 7.2%，而且 2015 年出现了负增长的状态，出口增长率仅为 –1.6%。

2. 农产品出口贸易促进成效日益显著

政府通过各种方式完善农产品出口促进机制，发挥整合农业产业和市场的功能：一是举办农产品国际展会，在出口促进方面发挥了重要作用。中国国际农产品交易会通过展示与交流，加强和促进农业贸易合作，帮助龙头企业开拓国内外市场，已成为中国最权威最具影响力的综合性农业展会。[①] 二是设立农产品境外展示中心。农业农村部农业贸易促进中心打造了中国农产品美国和加拿大展示中心等，积极宣传推介中国农产品，推动更多的名优农产品走向世界。三是充分发挥农产品出口示范基地的功能，提升了农产品质量安全。四是加强农产品品牌建设。加强农产品"三品一标"认证工作和农业区域公用品牌的塑造，提高农产品质量。随着中国农业贸易促进机制的完善，畜产品、水产品和园艺产品等劳动密集型农产品出口保持了较快增长。2017 年，园艺产品、水产品和畜产品出口额分别达288.01 亿美元、204.29 亿美元和 63.79 美元。

4.2 中国农业生产及出口存在的问题

4.2.1 中国农业生产存在的问题

1. 农业经营规模较小

目前中国农业生产仍然以小农为主，生产经营组织的规模还很小。据原农业部统计，截至 2016 年底，经营规模在 50 亩以下的农户有近 2.6亿户，占农户总数的 97% 左右，经营的耕地面积占全国耕地总面积的82% 左右，平均每户耕地面积约 5 亩左右。[②] 细小的农业经营规模对提升中国农业国际竞争力有一定的影响。主要是细小的农业经营规模很难使农业收入达到社会人均收入水平，因而小农一般会转向非农产业，影响农业竞争力的提高。

---

① 北京农展国际传媒公司 . 第十六届中国国际农产品交易会简介 [EB/OL]. 中华人民共和国农业农村部 / 展会介绍 . [2018-10-26].http://www.moa.gov.cn/ztzl/catf/zhjs/201810/t20181026_6161589.htm.

② 屈冬玉 . 以信息化加快推进小农现代化 [EB/OL]. 人民网 / 中国共产党新闻 / 理论 .[2017-06-05].

http://theory.people.com.cn/n1/2017/0605/c40531-29316890.html.

2. 农业从业人员减少及老龄化现象并存

如表 4.2 所示，第一产业就业人员从 1998 年的 35177.2 万人下降至 2017 年的 20944 万人，呈绝对下降趋势。1998 年第一产业就业人员占乡村就业人员数比例为 71.76%，之后持续下降，2017 年占比仅为 59.54%。

表 4.2　中国乡村就业人员情况

年份	乡村就业人员数（万人）	第一产业就业人员（万人）	比重（%）
1998	49021	35177.2	71.76
1999	48982	35768.4	73.02
2000	48934	36042.5	73.66
2001	48674	36398.5	74.78
2002	48121	36640.0	76.14
2003	47506	36204.4	76.21
2004	46971	34829.8	74.15
2005	46258	33441.9	72.29
2006	45348	31940.6	70.43
2007	44368	30731.0	69.26
2008	43461	29923.3	68.85
2009	42506	28890.5	67.97
2010	41418	27930.5	67.44
2011	40506	26594.2	65.65
2012	39602	25773.0	65.08
2013	38737	24171.0	62.40
2014	37943	22790.0	60.06
2015	37041	21919.0	59.17
2016	36175	21496.0	59.42
2017	35178	20944.0	59.54

数据来源：国家统计局 . 中国统计年鉴 [EB/OL]. 国家统计局网站 / 统计数据 / 中国统计年鉴（历年）.
http://www.stats.gov.cn/tjsj/ndsj/.

农业从业人员老龄化现象日趋严重，影响农业可持续发展。如表 4.3 所示，根据第二次全国农业普查数据，不仅全国范围，而且东部、中部、西部和东北地区 51 岁以上的农村劳动力占比都很高，特别是西部地区，51 岁以上农村劳动力占比高达 26.7%。

表 4.3　第二次全国农业普查中国农村劳动力年龄构成

单位：%

农村劳动力年龄构成	全国	东部地区	中部地区	西部地区	东北地区
20 岁以下	13.1	13.2	13.8	12.8	11.1
21 岁至 30 岁	17.3	18.8	15.4	16.9	18.4
31 岁至 40 岁	23.9	23.4	23.7	24.5	24.6
41 岁至 50 岁	20.7	21.4	20.9	19.1	23.5
51 岁以上	25.0	23.2	26.2	26.7	22.4

数据来源：国家统计局 . 第二次全国农业普查主要数据公报（第二号）[EB/OL]. 国家统计局网站 / 统计数据 / 统计公报 / 农业普查公报 / 全国农业普查公报 . [2008-02-22].http://www.stats.gov.cn/tjsj/tjgb/nypcgb/qgnypcgb/200802/t20080222_30462.html.

第三次全国农业普查对中国农业生产经营人员的年龄构成进行了统计。如表 4.4 所示，与第二次全国农业普查的统计口径不一致，但仍然可以看出中国农业老龄化问题的严重性。全国范围内 55 岁及以上的农业生产经营者占比已经达到 33.6%，而且东部地区的这一比例更高，已经达到了 37.9%。

表 4.4　第三次全国农业普查中国农业生产经营人员年龄构成

单位：%

农业生产经营人员年龄构成（%）	全国	东部地区	中部地区	西部地区	东北地区
35 岁及以下	19.2	17.6	18.0	21.9	17.6
36 岁至 54 岁	47.3	44.5	47.7	48.6	49.8
55 岁及以上	33.6	37.9	34.4	29.5	32.6

数据来源：国家统计局 . 第三次全国农业普查主要数据公报（第五号）[EB/OL]. 国家统计局网站 / 统计数据 / 统计公报 / 农业普查公报 / 全国农业普查公报 .[2017-12-16]. http://www.stats.gov.cn/tjsj/tjgb/nypcgb/qgnypcgb/201712/t20171215_1563599.html.

3. 农产品品牌建设相对滞后

注册商标不仅代表着信誉和质量，还可以形成一种独特的品牌形象。品牌形象又关系到产品的市场占有率。产品的市场占有率越高，市场竞争力就越高。如表 4.5 所示，中国累计核准注册农产品商标数占总注册商标数的比例较低，2008 年该比例为 17.3%，随后逐年有所下降，基本维持在16% 左右。近 10 年来，2012 年累计核准注册农产品商标数占总注册商标数的比例最低，只有 16.35%，2017 年该比例也较低，只有 16.48%。

表 4.5　2008 至 2017 年中国累计核准注册商标总数
与累计核准注册农产品商标数

年份	2008	2009	2010	2011	2012	2013	2014	2015	2016	2017
累计核准注册商标总数（万件）	346.82	427.88	562.80	665.07	765.60	865.24	1002.75	1225.39	1450.88	1730.09
累计核准注册农产品商标数(万件)	60.00	74.98	95.0	110.83	125.15	144.73	168.90	205.61	242.96	285.13
农产品商标所占总数比例（%）	17.30	17.52	16.88	16.66	16.35	16.73	16.84	16.78	16.75	16.48

数据来源：2008 至 2017 年的《中国商标战略年度发展报告》。

4.2.2 中国农产品出口存在的问题

1. 农产品出口结构不合理

农产品出口结构是指一国在一定时期内，各类农产品的出口额在总出口额中所占的比重，是反映该国农业发展水平的指标之一。农产品出口结构的优化不仅直接影响到一国农产品的国际竞争力，还关系到该国农产品出口贸易的可持续发展能力。

由表 4.6 所示，从农产品出口结构来看，2013 年，中国园艺产品、水产品及畜禽产品出口额分别为 237.4 亿、194.53 亿和 61.74 亿美元，占农产品出口总额的比重分别为 35.39%、28.99% 和 9.2%。2017 年，中国园艺产品、水产品及畜产品出口额分别为 288.01 亿、204.29 亿和 59.35 亿美元，分别占农产品出口总额的比重为 38.33%、21.19% 和 7.9%。近五年园艺产品、水产品及禽畜产品出口额占中国农产品出口总额比重较大，分别保持在35%、25%以及10%左右，总共占到农产品出口总额的70%左右。充分说明中国农产品出口贸易结构集中程度较高，并且主要以劳动密集型产品为主。

表4.6　中国部分农产品出口结构及所占比重

	2013		2014		2015		2016		2017	
	金额（亿美元）	比重（%）	金额（亿美元）	比重（%）	金额（亿美元）	比重（%）	金额（亿美元）	比重（%）	金额（亿美元）	比重（%）
园艺产品	237.40	35.39	243.28	34.09	257.61	36.70	280.61	38.65	288.01	38.33
水产品	194.53	28.99	208.89	29.28	195.89	27.91	200.17	27.56	204.29	21.19
畜禽产品	61.74	9.20	64.57	9.05	54.79	7.81	52.29	7.20	59.35	7.90
谷物产品	19.67	2.94	19.24	2.69	17.58	2.51	18.73	2.58	21.72	2.89
动植物油脂及其分解产品	6.07	0.90	6.45	0.90	6.67	0.95	5.84	0.80	8.46	1.13

数据来源：中华人民共和国商务部对外贸易司.中国农产品进出口月度统计报告[EB/OL].商务部网站/专题信息/农产品贸易专题/农产品贸易月度统计报告（历年）. http://wms.mofcom.gov.cn/article/ztxx/ncpymy/ncpydtj/200603/20060301783733. shtml.

表4.6也说明中国农产品出口结构不合理，农产品深加工层次不高，出口的农产品的技术含量和附加值都较低。一些加工类农产品出口额占农产品出口总额的比重较小。例如，2017年，动植物油脂及其分解产品出口额为8.46亿美元，仅占农产品出口总额的1.13%。

2. 农产品出口市场集中度太高

出口贸易地理方向又称出口贸易地区分布或出口国别结构，反映的是某国或地区的某一种（或某一类）产品在一定时期内出口到各贸易对象国的情况，通常以占比表示。某一种（或某一类）产品出口到一对象国的出口额在该国该种（类）产品出口总额中占比最高，则为该国该种（类）商品的第一大出口国市场。农产品出口贸易地理方向能指明一国出口农产品的去向。

表 4.7　2008 和 2017 年中国农产品出口市场情况

洲际	亚洲		欧洲		北美洲		非洲		南美洲		大洋洲	
指标	金额（亿美元）	比重（%）	金额（亿美元）	比重（%）	金额（亿美元）	比重（%）	金额（亿美元）	比重（%）	金额（亿美元）	比重（%）	金额（亿美元）	比重（%）
2008年	225.28	56.00	82.99	20.63	57.76	14.36	15.48	3.85	13.14	3.27	75.70	1.88
2017年	484.81	64.53	109.97	14.64	87.85	11.69	30.76	4.09	24.42	3.25	13.54	1.80

　　数据来源：中华人民共和国商务部对外贸易司.中国农产品进出口月度统计报告 [EB/OL].商务部网站/专题信息/农产品贸易专题/农产品贸易月度统计报告（历年）. http://wms.mofcom.gov.cn/article/ztxx/ncpymy/ncpydtj/200603/20060301783733. shtml.

　　如表4.7所示，从中国农产品的出口市场看，近几年洲际分布比较稳定，主要集中在亚洲、欧洲、北美洲地区。2017 年，中国出口到亚洲地区的农产品金额增长到 484.81 亿美元，所占比重增长到 64.53%。2008 和 2017 年中国向欧洲和北美洲出口农产品的金额都较大，所占比重均超过了 10%，而出口到南美洲和大洋洲地区的金额和比重都较低，特别是 2017 年出口到大洋洲的比重仅占 1.8%。

表 4.8　2008 和 2017 年中国农产品出口贸易地理方向

指标	金额（亿美元）	比重（%）	金额（亿美元）	比重（%）	金额（亿美元）	比重（%）	金额（亿美元）	比重（%）	金额（亿美元）	比重（%）	金额（亿美元）	比重（%）
国家	美国		日本		中国香港		韩国		德国		俄罗斯联邦	
2008 年	143.97	35.80	76.99	19.14	34.44	8.56	31.7	7.88	16.39	4.08	14.42	3.59
国家	日本		中国香港		美国		韩国		越南		泰国	
2017 年	102.22	13.60	98.07	13.05	76.58	10.19	47.60	6.33	45.81	6.10	31.11	4.14

　　数据来源：中华人民共和国商务部对外贸易司.中国农产品进出口月度统计报告 [EB/OL].商务部网站/专题信息/农产品贸易专题/农产品贸易月度统计报告（历年）. http://wms.mofcom.gov.cn/article/ztxx/ncpymy/ncpydtj/200603/20060301783733. shtml.

　　如表4.8所示，中国农产品主要出口市场为日本、美国、中国香港、韩国、越南和泰国等，日本是中国农产品第一大出口市场。2008 和 2017 年中国出口日本农产品总额为 76.99 亿美元和 102.22 亿美元，占比高达 19.14% 和 13.6%。出口地过于集中的状况会加大中国农产品的出口风险。如果日本、美国限制对中国农产品进口，则会造成中国农产品的出口贸易风险。因此，中国应拓宽农产品出口市场，从而降低出口市场集中化带来的风险。

3. 农产品国内出口地区不平衡

下面分析中国出口农产品地区分布情况。由图 4.6 可以看出，中国农产品出口地区分布较集中，主要分布在东部地区。2008 年，东部地区农产品出口额为 312.52 亿美元，占中国农产品出口总额的 77.7%；而中部和西部地区农产品出口额仅为 42.84 亿美元和 46.87 亿美元，分别占中国农产品出口总额的 10.65% 和 11.65%。

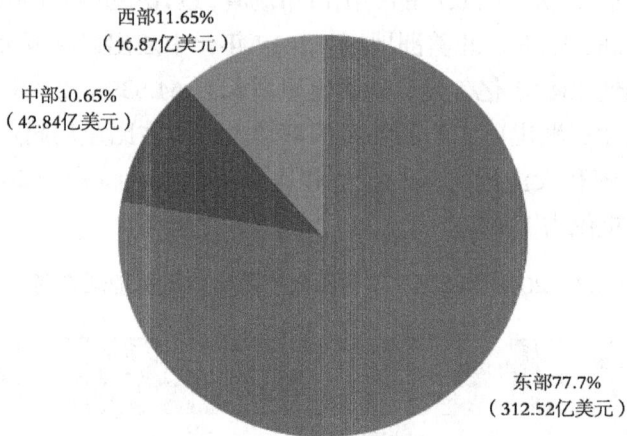

西部11.65%
（46.87亿美元）

中部10.65%
（42.84亿美元）

东部77.7%
（312.52亿美元）

图 4.6　2008 年分地区农产品出口额及占比

数据来源：中华人民共和国商务部对外贸易司．中国农产品进出口月度统计报告 [EB/OL].商务部网站／专题信息／农产品贸易专题／农产品贸易月度统计报告（2008 年）. http://wms.mofcom.gov.cn/article/ztxx/ncpmy/ncpydtj/200603/20060301783733. shtml.

由图 4.7 可以看出，2017 年，东部地区农产品出口额为 553.18 亿美元，占中国农产品出口总额的 73.62%；而中部和西部地区农产品出口额仅为 92.47 亿美元和 105.71 亿美元，分别占中国农产品出口总额的 12.31% 和 14.07%。

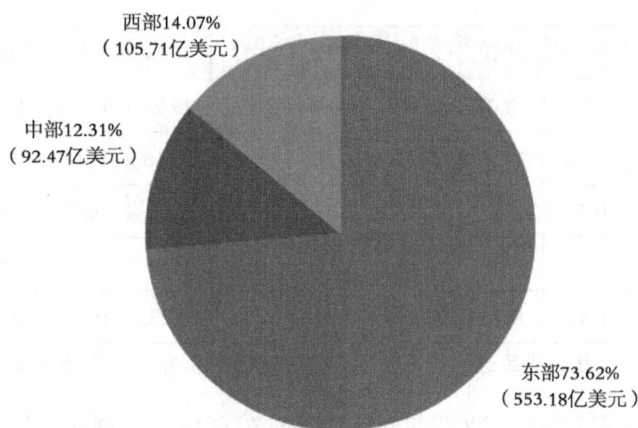

西部14.07%
（105.71亿美元）

中部12.31%
（92.47亿美元）

东部73.62%
（553.18亿美元）

图 4.7　2017 年分地区农产品出口额及占比

数据来源：中华人民共和国商务部对外贸易司.中国农产品进出口月度统计报告 [EB/OL].商务部网站／专题信息／农产品贸易专题／农产品贸易月度统计报告（2017年）. http://wms.mofcom.gov.cn/article/ztxx/ncpmy/ncpydtj/200603/20060301783733. shtml.

由表 4.9 可以看出，中国农产品出口地区明显不平衡。2017 年，中国农产品出口额排名前三名的地区是山东、广东和福建，出口总额分别为 170.09 亿、94.79 亿和 88.96 亿美元。近 10 年中国农产品出口额排名在后几位的地区是山西、西藏和青海。2017 年山西、西藏和青海农产品出口额分别仅为 1.04 亿、0.38 亿和 0.35 亿美元。

表 4.9　2008 至 2017 年中国部分省（市、区）农产品出口额

单位：亿美元

	2008	2009	2010	2011	2012	2013	2014	2015	2016	2017
山东	99.77	97.66	127.05	153.73	150.22	152.05	157.33	153.02	162.91	170.09
广东	46.28	48.83	56.72	69.71	75.08	81.31	84.32	86.45	91.96	94.79
福建	30.34	34.23	49.58	68.87	75.48	82.29	87.75	87.47	90.96	88.96
浙江	33.52	30.06	36.67	45.45	47.17	51.86	53.23	50.54	49.08	51.33
辽宁	33.52	30.86	35.90	44.22	47.76	51.27	53.38	47.91	45.55	49.03

续 表

	2008	2009	2010	2011	2012	2013	2014	2015	2016	2017
云南	8.01	9.74	13.07	17.65	20.53	24.32	28.93	40.56	44.70	42.98
江苏	19.78	19.68	25.22	28.12	30.67	31.62	36.18	33.69	35.92	38.28
山西	0.95	0.57	0.83	0.97	1.09	1.10	1.12	0.95	0.92	1.04
西藏	0.32	0.38	0.59	0.43	0.43	0.52	0.298	0.19	0.52	0.38
青海	0.069	0.11	0.18	0.35	0.29	0.30	0.22	0.22	0.17	0.35

数据来源：中国农产品进出口月度统计报告 [EB/OL].中华人民共和国商务部对外贸易司（历年）.

http://wms.mofcom.gov.cn/article/ztxx/ncpymy/ncpydtj/200603/20060301783733.shtml.

4. 农产品贸易逆差逐年增加

如表 4.10 所示，年中国农产品贸易自 2004 开始进入逆差状态。近年来逆差现象一直在持续，且存在扩大趋势。虽然在 2005 到 2006 年贸易逆差明显收敛，但其他年份持续增长，逆差幅度最大的是 2013 年，高达 −508.1 亿美元。

表 4.10　2002 至 2016 年中国农产品贸易情况

单位：亿美元

	进出口总额	出口额	进口额	贸易差额
2002 年	304.3	180.2	124.1	56.1
2003 年	401.3	212.4	188.9	23.5
2004 年	510.7	230.9	279.8	-48.9
2005 年	558.3	271.8	286.5	-14.7
2006 年	630.2	310.3	319.9	-9.6
2007 年	775.9	366.2	409.7	-43.5
2008 年	985.5	402.2	583.8	-181.1
2009 年	913.8	392.1	521.7	-129.6

续　表

	进出口总额	出口额	进口额	贸易差额
2010 年	1208.0	488.8	719.2	-230.4
2011 年	1540.4	601.3	939.1	-337.8
2012 年	1739.4	625.0	1114.4	-489.4
2013 年	1850.1	671.0	1179.1	-508.1
2014 年	1928.2	713.4	1214.8	-501.4
2015 年	1861.0	701.8	1159.2	-457.4
2016 年	1832.2	726.1	1106.1	-380.0
2017 年	1998.2	751.4	1246.8	-495.4

数据来源：中华人民共和国商务部对外贸易司 . 中国农产品进出口月度统计报告 [EB/OL]. 商务部网站 / 专题信息 / 农产品贸易专题 / 农产品贸易月度统计报告（历年）. http://wms.mofcom.gov.cn/article/ztxx/ncpmy/ncpydtj/200603/20060301783733. shtml.

　　造成中国农产品贸易逆差的原因主要有以下几方面：一是国内供求状况的变化。中国对农产品的消费需求在持续增长，但是供给缺口又较大。例如，大豆油是中国居民消费的第一大植物油品种，但本地大豆含油率相对较低，不利于进行油脂加工，而国外大豆不仅含油率较高并且价格也相对较低，就产生了对进口大豆的较大需求。二是加入 WTO 以后，农产品准入门槛降低，美国等发达国家大量的低价优质农产品进入中国。三是中国农产品国际竞争力薄弱，抑制了其出口。中国农产品品质不高，附加值低，缺乏品牌影响力。四是受贸易保护主义的影响。随着国际农产品市场的竞争日趋激烈，贸易环境也日趋复杂。发达国家对农产品的检验检疫标准和技术水平都高于中国，特别是其设置的绿色贸易壁垒对中国农产品出口产生了较大的影响。另外特殊保障措施和反倾销等也已经成为中国农产品出口的主要障碍。五是中国农业出口保护政策不完善。中国没有充分利用 WTO 的"绿箱"支持政策来促进中国农产品出口贸易。

4.3 中国政策性农业保险对农业生产的影响

4.3.1 计量模型的构建

倾向匹配双重差分方法（Propensity Score Matching and Difference and Difference Method，PSM-DID）被广泛地应用于评估政策实施效果。它与传统匹配方法不同的是，通过 PSM 方法能够把样本多维信息综合成一个倾向得分值，通过处理组和对照组倾向得分值的距离进行匹配。即在对照组找到一个样本 X_i，其可观测变量与处理组中的某一个样本 X_j 尽可能相似，即 $X_i \approx X_j$。之后运用各种匹配方法，通过 Logit 回归估计控制变量的倾向得分，计算每一个样本 i 所对应的与之相匹配的 j 在政策实施前后的变化，并将处理组的样本在政策实施前后的变化减去与之相匹配的对照组的样本所发生的变化，得到的平均处理效应即为我们最终的政策效果。如果单独使用双重差分方法，还要进行平行趋势检验，若处理组与对照组在实验前并不存在这种一致的平行趋势，则需使用 PSM-DID 方法来解决这一问题。

因此本书先通过 PSM 方法计算倾向得分，找到与处理组相近的对照组个体，用来消除样本的选择性问题，减轻可观测变量产生的选择偏差。然后结合双重差分方法估计出政策性农业保险的实施对农业生产的真实效应，消除不可观测但不随时间变化的组间差异以及随时间变化的共同趋势，从而能在较大程度上保证估计结果的准确性。

1. 倾向得分匹配法

本书所要考察的是政策性农业保险对农业生产的影响。我们很难观测到一个省（市、区）在实施了政策性农业保险试点和未实施政策性农业保险试点对农业生产的影响差异，如果是根据现有的观测值进行研究，容易出现选择性偏差问题。为了解决这个问题，在实施回归之前根据 Rosenbaum 和 Robin（1983）提出的倾向得分匹配方法（PSM）来处理。可以将政策性农业保险试点视为准实验，把所研究的样本分成两个组，分别是处理组和对照组，即实施政策性农业保险试点的省（市、区）和没有实施政策性农业保险试点的省（市、区）。然后将处理组和对照组进行匹配，根据两组的样本匹配变量计算概率值，将概率值范围很接近的样本进行匹配。匹配的目的是寻找对照组中与处理组未进行实验前个体特征相似的样本，用对照组中与处理组个体特征相似的样本来代替处理组进行实验后不可观测到的没有实验的情况，解决所谓的"反事实"问题，从而能够真正观测到该准实验给处理组样本带来的影响。

首先，根据处理组和对照组估计倾向打分。通过 Logit 概率模型计算倾向得分值。PSM 模型的倾向得分是对每个省（市、区）实施政策性农业保险试点的概率：

$$PS_i = P(X_i) = Pr(D_i=1|X_i) = exp(\beta X_i) / [1+exp(\beta X_i)] \qquad (4.1)$$

公式（4.1）中，PS_i 是计算出来的每个省（市、区）的倾向匹配得分值。省（市、区）是否实施了政策性农业保险试点为一个二元虚拟变量 D_i，如果实施了该试点政策时为处理组 $D_i=1$，未实施该试点政策时为对照组 $D_i=0$。X_i 是一系列与农业产出有关的特征变量构成的向量。$exp(\cdot)/[1+exp(\cdot)]$ 表示累积分布函数，为相应的参数向量。对于第 i 省（市、区）而言，假设倾向得分值为 $P(X_i)$，省（市、区）实施政策性农业保险的平均处理效应表示为：

$$ATT = E\{E[Y_{1i}-Y_{0i}|D_i=1,P(X_i)]\}$$
$$= E\{\{[Y_{1i}|D_i=1,P(X_i)]\}-\{E[Y_{0i}|D_i=1,P(X_i)]\} \qquad (4.2)$$

公式（4.2）中，Y_{1i} 和 Y_{0i} 分别表示同一省（市、区）实施和未实施政策性农业保险的农业生产水平。

其次，获得倾向得分之后，要进行平衡性检验，即检验倾向得分在处理组和对照组之间不存在显著性差异。通过计算可以得出政策性农业保险的平均处理效应（ATT）。

$$ATT = \frac{1}{N_T}(\Sigma_{i \in T}Y_i^T - \Sigma_{j \in C}\lambda(p_i,p_j)Y_j^c) \qquad (4.3)$$

公式（4.3）中，N_T 表示处理组的个数；T 和 C 分别代表匹配后的处理组和对照组；Y_i^T 表示处理组中第 i 个省（市、区）农业生产水平，Y_j^c 表示对照组中第 j 个省（市、区）农业生产水平；p_i 是处理组的预测概率值，p_j 是对照组的预测概率值。$\lambda(Pi,p_j)$ 表示倾向匹配得分 p_i 和 p_j 的权重函数，匹配方法不同所赋予的权重也不同。常用的匹配方法主要有最近邻匹配、核匹配和半径匹配方法。本书尝试采用这三种匹配方法进行估计。

2. 双重差分计量模型

虽然使用 PSM 方法能够通过控制变量消除其他因素的影响，但仍可能存在一些未被纳入研究或不容易观测到的因素给政府对实施政策性农业保险的省（市、区）的选择与农业生产造成影响。为进一步消除这些影响，借鉴左思明（2018）的做法，在使用 PSM 方法对省际数据处理后，将使用双重差分方法来估计实施政策性农业保险对农业生产水平的净影响。在此基础上，可以构建如下的双重差分模型：

$$lnavezagrgdp_{it}=\alpha_0+\alpha_1 treated_i*time_t+\alpha_2 treated_i+\alpha_3 time_t+\varepsilon_{it} \qquad （4.4）$$

模型（4.4）是更适用于两期情形的一般双重差分模型形式，考虑到本书考察的政策实施前后的时期为多期，并且政策实施发生在不同的年份中（具体见表 4.11），因此借鉴付小鹏和梁平（2017）的做法将模型（4.4）更改为更常用的多期双重差分模型（4.5）来估计政策性农业保险对农业生产的影响。

$$lnavezagrgdp_{it}=\beta_0+\beta_1 treated_{it}+\gamma Z_{it}+u_i+\zeta_t+\varepsilon_{it} \qquad （4.5）$$

模型（4.5）中，i 表示省（市、区），取值为 1~31；t 表示年份，取值为 2006 至 2016 年；lnavezagrgdp 表示 i 省（市、区）第 t 年人均农林牧渔业增加值的对数值。政策性农业保险的实施用中央财政农业保险保费补贴政策来表示。treated 是政策实施省（市、区）和政策实施时间的交叉项，是双重差分统计量和模型的关键变量。$treated_{it}$ 表示在 t 年 i 省（市、区）是否实施了政策性农业保险试点，实施试点则该值为 1，否则该值为 0。Z_{it} 表示其他控制变量，其中 $rate_{t-1}$ 表示 i 省（市、区）第 t-1 年的农业保险赔付率，lnavesow、lnh 和 lnavefert 分别表示人均农作物播种面积、农村人力资本和人均化肥施用量的对数值。u_i 和 T_t 分别代表个体固定效应和时间固定效应，ε_{it} 为随机干扰项。

表 4.11　中央财政农业保险保费补贴政策试点进程

年份	试点省（市、区）
2006	无试点省（市、区）
2007	试点省（市、区）：吉林、内蒙古、江苏、湖南、四川、新疆【共6省（市、区）】
2008	新增试点省（市、区）：河北、辽宁、黑龙江、安徽、山东、河南、湖北、浙江、福建、海南【新增10省份，共16省（市、区）】
2009	新增试点省（市、区）：江西【新增1省份，共17省（市、区）】
2010	新增试点省（市、区）：山西、广东、云南、甘肃、青海、宁夏【新增6省份，共23省（市、区）】
2011	新增试点省（市、区）：广西、贵州、西藏、陕西、重庆【新增5省（市、区），共28省（市、区）】
2012	新增试点直辖市：北京、上海、天津（全国覆盖）

资料来源：根据《中央财政农业保险保费补贴试点管理办法》整理得出。

4.3.2　变量选取与说明

本章使用的数据来源于《中国统计年鉴》《中国保险统计年鉴》《中国农产品出口月度统计报告》《中国农业年鉴》和《中国人口与就业统计年鉴》，计量所用相关货币以人民币为准，美元按当年人民币兑美元汇率中间价折算成人民币。

被解释变量：人均农林牧渔业增加值的对数值（lnavezagrgdp）。该指标代表农业生产水平，用人均农林牧渔业增加值来表示，其值等于农林牧渔业总产值减去中间投入再除以第一产业就业人员。该指标是衡量农业生产水平较好的指标之一，其值越大说明农业生产水平越高。[①]

关键解释变量：政策性农业保险实施的虚拟变量 $treated_{it}$。用中央农业保险保费补贴试点来表示，如果某一省（市、区）进入该政策试点范围，

---

① 周稳海,赵桂玲,尹成远.农业保险对农业生产影响效应的实证研究——基于河北省面板数据和动态差分 GMM 模型 [J].保险研究,2015(5):60-68.

即认为其在当年接受政策处理，其政策处理变量 $treated_{it}$ 等于 1，则其他年份该变量为 0。预期该指标与被解释变量正相关。

本书借鉴以往文献的研究，选择的匹配变量主要包括：

（1）农业保险赔付率（rate）

农业保险赔付率是农业保险赔付额与农业保险保费收入的比例。因为农户得到保险赔付之后，从恢复生产到有所收获并出口，有一定的时间间隔，所以使用第 $t-1$ 年农业保险赔付率（$rate_{t-1}$）进行实证分析。预期该指标与被解释变量正相关。

（2）人均农作物播种面积对数值（lnavesow）

土地是农业生产的基本要素，土地面积在很大程度上决定了农业生产规模的大小，并影响到农产品出口。本书考虑到数据的可获取性，将用农作物总播种面积替代土地面积。预期该指标与被解释变量正相关。

（3）农村人力资本对数值（lnh）

农村人力资本是农业生产的基础要素，是其他生产要素的使用者、发展者和创新者。预期该指标与被解释变量正相关。目前度量农村人力资本的方法在学术界并不统一，但是多数学者采取的是人均受教育程度来衡量农村人力资本，这种方法已被广泛认可。

本书农村人力资本测算的表达式为：

$$H = \sum_{i=1}^{5} P_i L_i \tag{4.6}$$

公式（4.6）中，H 表示农村人力资本，P_i 表示各层次学历的农村劳动力受教育年限。根据《中国人口与就业统计年鉴》的分类方法，将各省（市、区）乡村 6 岁及 6 岁以上受教育年限限定为 5 个层次：未上过学、小学、初中、高中和大专及以上，分别设权重为 0 年、6 年、9 年、12 年和 16 年。Li 表示 5 种不同受教育程度的劳动力分别占全部劳动力的比重。将不同受教育程度的劳动力所占比重与其相应的受教育年限相乘，就能计算出农村人力资本。

（4）人均化肥施用量对数值（lnavefert）

人均化肥施用量是化肥施用量与第一产业就业人员的比值。化肥是农业生产中的要素之一，被当作资本投入的一个替代变量。合理使用化肥有利于土地肥沃，可以提高农业生产水平。预期该指标与被解释变量正相关。

有关被解释变量和解释变量的数据说明和描述性统计见表 4.12。

表 4.12　数据说明和描述性统计

变量名称	变量含义	均值	标准差	最小值	最大值
lnavezagrgdp	人均农林牧渔业增加值的对数值	9.638	0.559	7.758	10.847
treated	政策性农业保险实施的虚拟变量	0.718	0.450	0	1
$rate_{t-1}$	第 $t-1$ 年农业保险赔付率	0.832	3.885	−0.105	72
lnavesow	人均农作物播种面积对数值	−0.599	0.402	−1.366	0.491
lnh	农村人力资本对数值	1.981	0.135	1.340	2.243
lnavefert	人均化肥施用量对数值	−1.693	0.485	−3.013	−0.753

4.3.3 实证结果与分析

1. 倾向得分匹配实证结果

最近邻匹配方法是最常用的一种匹配方法，它把控制组中找到的与处理组个体倾向得分差异最小的个体，作为自己的比较对象。按处理个体找到控制个体，所有处理个体都会配对成功，处理组的信息得以充分利用。选用一对一最近邻匹配方法，由于样本容量并不大，进行有放回匹配，且允许并列。在匹配过程中，为了验证匹配结果的可靠性，本书借鉴王业雯和陈林（2017）的做法，对 2006 年至 2016 年的样本进行匹配平衡性检验。

从表 4.13 的检验结果看出，匹配后全部变量的标准化偏差都小于10%，说明本书选取的匹配变量和匹配方法是合理的。另外，ATT 估计值为 0.56，对应的 t 值为 6.69，大于 1.96 的临界值，所以平均处理效应显著。在总共 341 个观测值中，控制组（Untreated）共有 5 个不在共同取值范围内（off support），处理组（treated）共有 33 个不在共同取值范围内（off support)），其余 303 个观测值均在共同取值范围内（on support）。一共是 31 个省（市、区）的 341 个数据，303 个数据匹配成功，匹配率为88.87%，数据匹配效果较好。

表 4.13　倾向得分匹配平衡性检验结果

变量名称		均值		标准偏差（%）	标准偏差减少幅度（%）	T 统计量	t 检验 P>t
		处理组	对照组				
$rate_{t-1}$	匹配前	0.620	1.373	14.6	84.6	1.61	0.108
	匹配后	0.622	0.739	2.2		2.93	0.004
lnavesow	匹配前	0.546	−0.733	47.7	95.6	3.93	0.000
	匹配后	0.654	−0.646	2.1		0.28	0.779
lnh	匹配前	1.994	1.949	32.0	97.7	2.79	0.006
	匹配后	1.989	1.990	0.7		0.09	0.929
lnavefert	匹配前	1.618	1.883	53.9	98.0	4.67	0.000
	匹配后	1.713	1.708	1.1		0.14	0.888

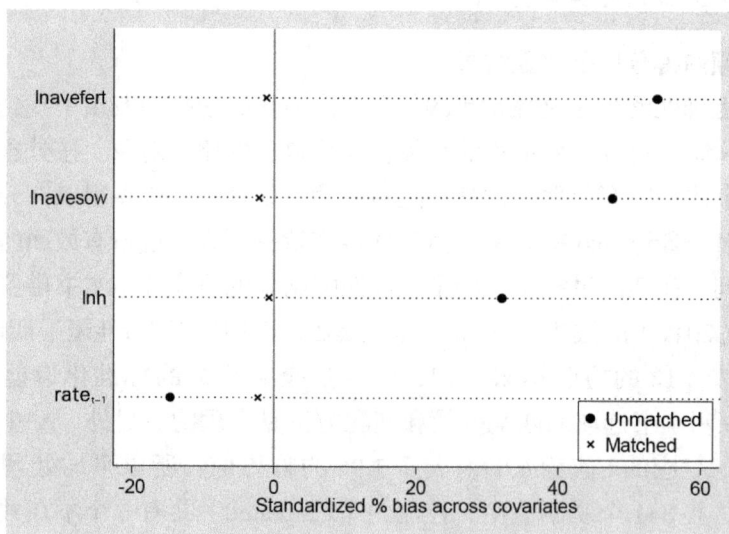

图 4.8　各变量的标准化偏差图示

（Unmatched 表示匹配前，Matched 表示匹配后）

图 4.8 是偏差分析的散点图，可以清晰地看出所选择变量的标准化偏

差在匹配后都缩小了，说明倾向得分匹配是有效的。

（2）重差分估计结果与分析

通过倾向得分匹配方法处理的数据，可以在满足实验组与控制组的变化趋势相同的条件下，再通过双重差分方法解决内生性问题。对于政策实施时间不一致的情况，这种多期双重差分方法应该使用混合最小二乘法来估计，因为政策在各个地区实施的时间跨度很大，导致用来估计双重差分交互项的观测变量十分有限。我们使用的数据是 2006 至 2016 这 11 年的数据，其中有的省（市、区）实施政策性农业保险比较早，而有些省（市、区）则比较晚。使用面板固定效应模型需要进行组内估计，那就使得观测值太少了，影响估计结果的准确性。因此，借鉴 Rema Hanna 和 Paulina Oliva（2015）和罗知（2015）的做法直接使用混合最小二乘法来估计双重差分模型，总体回归结果如下：

表 4.14 中的方程（1）是基础方程，方程（2）只控制了个体固定效应和时间固定效应，方程（3）同时增加了控制变量、个体固定效应和时间固定效应。从表 4.14 可以看出同时增加了控制变量、个体固定效应和时间固定效应的方程，核心解释变量所得到的回归系数的符号与预期符号相同，并且是显著的。

表 4.14 说明了使用最近邻匹配方法后的政策性农业保险的实施对农业生产水平的双重差分估计量。其中方程（1）未控制个体和时间固定效应，控制了第 $t–1$ 年的农业保险赔付率、人均农作物播种面积和农村人力资本这些控制变量后，发现政策性农业保险的实施对农业生产水平的影响显著，影响系数为 0.385。方程（2）控制个体和时间固定效应，未控制第 $t–1$ 年的农业保险赔付率、人均农作物播种面积和农村人力资本这些控制变量，反映出政策性农业保险的实施对农业生产水平没有显著影响。方程（3）同时控制时间固定效应、个体固定效应和其他控制变量，政策农业保险的实施对农业生产水平的影响显著，在 10% 水平上显著，说明政策性农业保险整体上促进了农业生产水平。人均农作物播种面积在一定程度上有助于农业生产水平的提高。从时间趋势来看，该政策在试点第一年就对农产品出口贸易产生了显著影响，并且影响程度基本是逐步增强的，从第三年开始就都在 1% 的水平上显著为正。2007 年的影响系数仅为 0.121，2015 年

和 2016 年的影响系数已经提高到了 0.848 和 0.877。

表 4.14　政策性农业保险对农业生产影响的双重差分实证结果

被解释变量	人均农林牧渔业增加值的对数值		
解释变量	（1）	（2）	（3）
政策性农业保险实施的虚拟变量 （treated）	0.385★★★ （0.137）	−0.031 （0.093）	0.1★ （0.050）
试点第一年 （2007 年）			0.121★ （0.060）
试点第二年 （2008 年）			0.182★ （0.093）
试点第三年 （2009 年）			0.269★★★ （0.070）
试点第四年 （2010 年）			0.347★★★ （0.084）
试点第五年 （2011 年）			0.49★★★ （0.103）
试点第六年 （2012 年）			0.544★★★ （0.107）
试点第七年 （2013 年）			0.651★★ （0.111）
试点第八年 （2014 年）			0.563★★★ （0.112）
试点第九年 （2015 年）			0.848★★★ （0.088）
试点第十年 （2016 年）			0.877★★★ （0.102）
第 $t-1$ 年农业保险赔付率（$rate_{t-1}$）	−0.261★★ （0.107）		−0.044 （0.038）
人均农作物播种面积对数值（lnavesow）	−0.021 （0.146）		0.904★★★ （0.136）
农村人力资本对数值（lnh）	2.352★★★ （0.475）		0.563 （0.499）
是否控制个体固定效应	不控制	控制	控制
是否控制时间固定效应	不控制	控制	控制
常数项	5.317★★★ （0.921）	10.122★★★ （0.174）	10.019★★★ （1.068）
Adj-R^2	0.489	0.985	0.987

注：★★★、★★、★ 分别表示在 1%、5%、10% 水平上显著。

4.3.4 稳健性检验

为了保证实证结果的稳健性，再采用核匹配方法和半径匹配方法来估计结果。由于最近邻匹配方法、核匹配方法和半径匹配方法这三种匹配方法均存在不同程度的差异，如果这三种方法得出了相似的结果，说明实证结果是稳健的。

核匹配是构造一个虚拟对象来匹配处理组，构造的原则是对现有的控制变量做权重平均，权重的取值与处理组、控制组 PS 值差距呈反向相关关系。由于样本容量不大，进行有放回匹配，且允许并列。在匹配过程中，为了验证匹配结果的可靠性，本书对得分匹配的平衡性进行了检验，具体见表 4.15。

表 4.15　倾向得分匹配平衡性检验结果

变量名称		均值		标准偏差（％）	标准偏差减少 减少幅度（％）	T 统计量	t 检验 P>t
		处理组	对照组				
$rate_{t-1}$	匹配前	0.620	1.373	−14.6	99.6	−1.61	0.108
	匹配后	0.622	0.625	−0.1		−0.07	0.941
lnavesow	匹配前	−0.546	-0.733	47.7	99.2	3.93	0.000
	匹配后	−0.654	−0.653	−0.4		−0.05	0.963
lnh	匹配前	1.994	1.949	32.0	85.5	2.79	0.006
	匹配后	1.989	1.996	−4.6		−0.55	0.582
lnavefert	匹配前	−1.618	−1.883	53.9	99.9	4.67	0.000
	匹配后	−1.713	−1.713	−0.0		−0.01	0.995

从表 4.15 的检验结果看出，匹配后全部变量的标准化偏差都小于 10%，说明本书选取的匹配变量和匹配方法是合理的。另外，ATT 估计值为 0.54，对应的 t 值为 8.52，大于 1.96 的临界值，所以平均处理效应显著。在总共 341 个观测值中，控制组（untreated）共有 5 个不再共同取值

范围内（off support），处理组（treated）共有 33 个不在共同取值范围内
（off support)），其余 303 个观测值均在共同取值范围内（on support）。
一共是 31 个省（市、区）的 341 个数据，303 个数据匹配成功，匹配率为
88.87%，数据匹配效果较好。

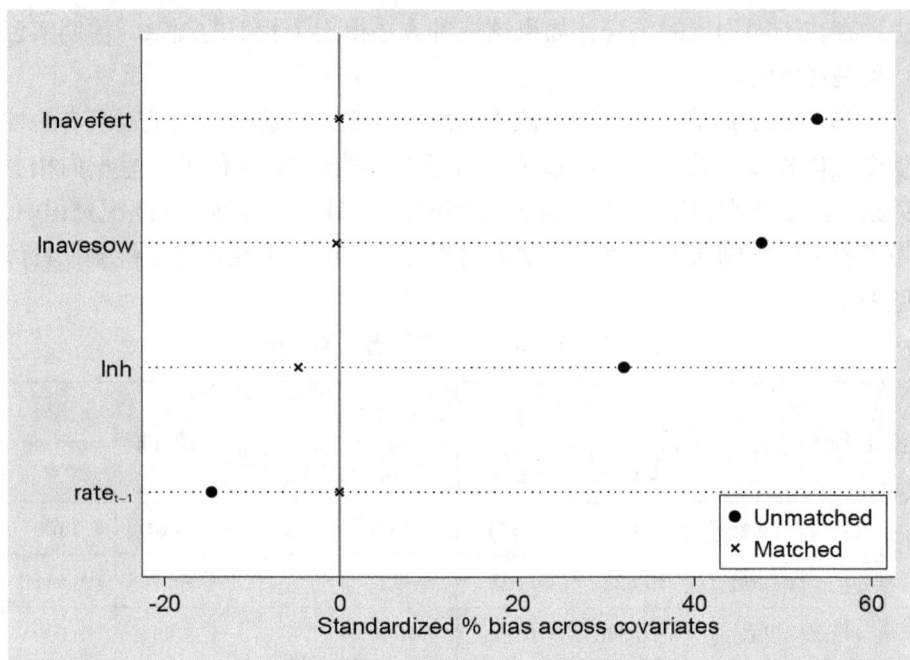

图 4.9　各变量的标准化偏差图示

（ Unmatched 表示匹配前，Matched 表示匹配后 ）

　　图 4.9 是偏差分析的散点图，可以清晰地看出所选择变量的标准化偏
差在匹配后都缩小了，说明倾向得分匹配是有效的。

　　半径匹配方法是事先设定半径，找到所有设定半径范围内的单位圆中
的控制样本，半径取值为正。在匹配过程中，为了验证匹配结果的可靠性，
对得分匹配的平衡性进行了检验，具体见表 4.16。

表 4.16　倾向得分匹配平衡性检验结果

变量名称		均值		标准偏差（%）	标准偏差减少幅度（%）	T 统计量	t 检验 P>t
		处理组	对照组				
$rate_{t-1}$	匹配前	0.620	1.373	−14.6	89.8	−1.61	0.108
	匹配后	0.626	0.702	−1.5		−1.91	0.057
lnavesow	匹配前	−0.546	−0.733	47.7	88.5	3.93	0.000
	匹配后	−0.639	−0.661	5.5		0.72	0.474
lnh	匹配前	1.994	1.949	32.0	96.9	2.79	0.006
	匹配后	2.004	2.006	−1.0		−0.14	0.887
lnavefert	匹配前	−1.618	−1.883	53.9	94.0	4.67	0.000
	匹配后	−1.679	−1.663	−3.3		−0.47	0.638

从表 4.16 的检验结果看出，匹配后大多数变量的标准化偏差基本都小于 10%，说明本书选取的匹配变量和匹配方法是合理的。另外，ATT 估计值为 0.538，对应的 t 值为 6.89，大于 1.96 的临界值，所以结果显著。在总共 341 个观测值中，控制组（untreated）共有 7 个不在共同取值范围内（off support），处理组（treated）共有 46 个不在共同取值范围内（off support），其余 288 个观测值均在共同取值范围内（on support）。一共是 31 个省（市、区）的 341 个数据，288 个数据匹配成功，匹配率为 84.46%，数据匹配效果较好。

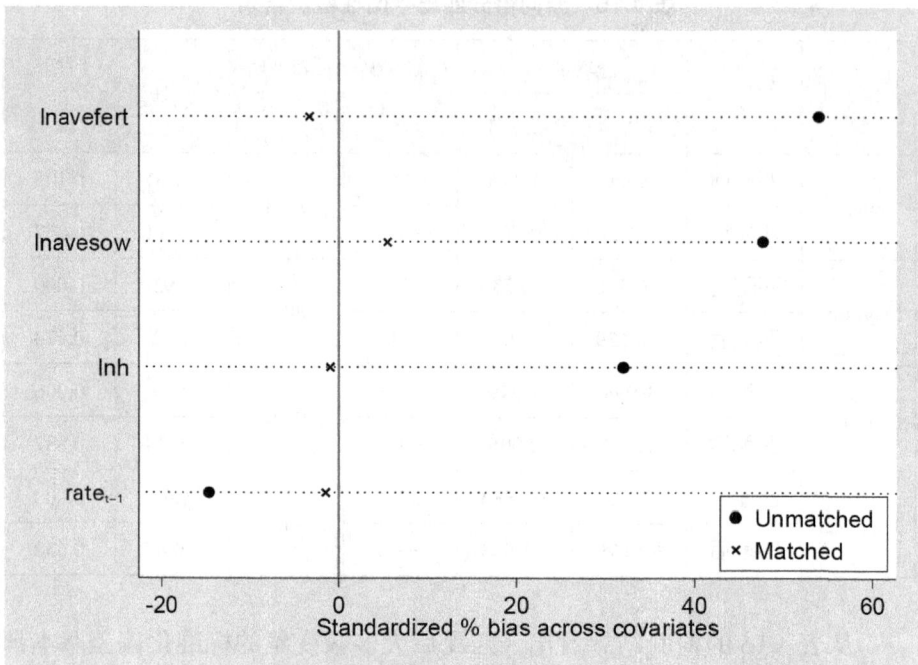

图 4.10　各变量的标准化偏差图示

　　从图 4.10 的偏差分析的散点图可以清晰地看出，所选择变量的标准化偏差在匹配后缩小了，说明倾向得分匹配是有效的。

　　通过核匹配方法和半径匹配方法处理的数据，再使用混合最小二乘法来估计双重差分模型，总体回归结果与之前最近邻匹配处理数据进行双重差分的结果是类似的。核心解释变量所得到的回归系数的符号与预期符号相同并且都是显著的，这说明回归结果具有比较好的稳健性。总之，政策性农业保险的实施有利于农业生产水平的提高。

4.4 中国政策性农业保险对农产品出口贸易影响的初步验证——基于动态面板模型分析

4.4.1 计量模型的构建

为了克服静态面板模型容易产生较大偏误的缺陷，特建立动态面板计量模型来分析政策性农业保险实施前后农业保险对农产品出口规模的影响，借鉴刘蔚和孙蓉（2016）的方法，表达形式如下：

$$lnagrexp_{it} = \alpha_0 + \alpha_1 L.lnagrexp_{it} + \alpha_2 L.insurance_{it} + \alpha_3 lnh_{it} + \alpha_4 lnavesow_{it} + \mu_{it}$$

$$（4.7）$$

模型（4.7）中，i 表示省（市、区），取值为 1~31；t 表示年份，取值分别为 2003 至 2015 年、2003 至 2007 年和 2008 至 2015 年；$lnagrexp_{it}$ 表示 i 省（市、区）第 t 年的农产品出口额，$L.lnagrexp_{it}$ 表示 i 省（市、区）第 t 年的保险密度的滞后一期，lnh_{it} 表示 i 省（市、区）第 t 年的农村人力资本的对数值，$lnavesow_{it}$ 表示 i 省（市、区）第 t 年的人均农作物播种面积的对数值，μ_{it} 为随机误差项。

模型（4.7）中 $L.lnagrexp_{it}$ 代表农产品出口额的滞后一期。动态面板模型运用差分广义矩进行估计，这种方法在一定程度上避免了被解释变量滞后项的内生性问题引起的偏误。该方法要满足随机误差项无二阶自相关和无弱工具变量问题，因此需要进行二阶自相关和 Sargan 检验，并且检验统计量概率值要大于 5%。

4.4.2 变量选取与说明

本部分数据的时间区间为 2003 至 2015 年，以 2007 年中央财政农业保险保费补贴试点为界，分为 2003 至 2007 年和 2008 至 2015 年两个阶段进行比较分析，使用的是中国 31 个省（市、区）的面板数据。农业保险数据来源于中国保监会公布的《中国保险统计年鉴》，农产品贸易数据来源于商务部公布的《中国农产品出口月度统计报告》，其他数据均来源于国家统计局发布的《中国统计年鉴》《中国农业年鉴》和《中国人口与就业统计年鉴》，计量所用相关货币以人民币为准，美元按当年人民币兑美元汇率中间价折算成人民币。

1. 被解释变量

农产品出口贸易额对数值（lnagrexp）：该指标在模型中作为被解释变量。数值越大说明农产品出口规模越大，反之农产品出口规模越小。本节农产品的统计口径依据《中国农产品出口月度统计报告》。[①]

2. 核心解释变量

农业保险深度（insurance）：这是代表农业保险发展水平的重要指标之一。农业保险深度是农业保险保费收入占农林牧渔业总产值之比。农业保险深度可以反映出农业保险在农业发展中的重要地位。农业保险从收取保费到发生损失获得赔付有一定的时间间隔，因此用农业保险深度的滞后一期来进行模型的参数估计。预期该指标与被解释变量正相关。

3. 控制变量

主要包括：

（1）农村人力资本对数值（lnh）：农村人力资本是农业生产的基础要素，是农业及国民经济与社会发展的基础。没有人力资本，也没有农业的存在与发展。目前度量农村人力资本存量的方法在学术界并不统一，但是多数学者采取的是已被广泛认可的人均受教育程度来衡量。具体核算方法参见 4.3.2。预期该指标与被解释变量正相关。

（2）人均农作物播种面积对数值（lnavesow）：土地是农业生产中必须具备的生产要素，土地面积的多少在很大程度上决定着农业产出规模的大小，并影响到农产品出口。其他条件不变的情况下，一般来说人均农作物播种面积越大，农业生产总值就大，农产品出口贸易额就越大。本书考虑到数据的可获取性，将用农作物总播种面积替代土地面积。预期该指标

---

① 中华人民共和国商务部. 关于《中国农产品出口月度统计报告》的说明 [EB/OL]. http://www.mofcom.gov.cn/aarticle/bg/200305/20030500090865.html, 2003-05-15/2018-07-12.

与被解释变量正相关。

表 4.17　2003 至 2015 年数据描述性统计量

变量	指标	均值	标准差	最小值	最大值
农产品出口额对数值	lnagrexp	12.931	1.517	8.311	16.197
农业保险深度滞后一期	L.insurance	0.002	0.003	−1.92e−07	0.021
农村人力资本对数值	lnh	1.966	0.140	1.176	2.243
人均农作物播种面积对数值	lnavesow	−0.626	0.398	−1.366	0.491

表 4.17 给出了 2003 至 2015 年 31 个省（市、区）的描述性统计分析结果，数据为平衡面板数据。从表中各指标的均值、标准差、最大值和最小值可以看出，各省（市、区）在农业保险深度、人力资本和人均农作物播种面积等方面均存在一定的差异。

表 4.18　2003 至 2007 年数据描述性统计量

变量	指标	均值	标准差	最小值	最大值
农产品出口额对数值	lnagrexp	12.558	1.526	8.311	15.766
农业保险深度滞后一期	L.insurance	0.0002	0.0007	−1.92−e07	0.005
农村人力资本对数值	lnh	1.922	0.141	1.176	2.157
人均农作物播种面积对数值	lnavesow	−0.716	0.387	−1.336	0.399

表 4.19　2008 至 2015 年数据描述性统计量

变量	指标	均值	标准差	最小值	最大值
农产品出口额对数值	lnagrexp	13.138	1.474	8.469	16.197
农业保险深度	L.insurance	0.004	0.004	0.0001	0.027
农村人力资本对数值	lnh	1.990	0.134	1.340	2.243
人均农作物播种面积对数值	lnavesow	−0.576	0.396	−1.366	0.491

表 4.18 和 4.19 给出了 2003 至 2007 年和 2008 至 2015 年两个时段的 31 个省（市、区）的描述性统计分析结果，数据为平衡面板数据。从表中各指标的均值、标准差、最值可以看出，各省（市、区）在农业保险深度、农村人力资本和人均农作物播种面积等方面均存在一定的差异。

4.4.3 实证结果与分析

为了考察 2007 年政策性农业保险实施前后农业保险对农产品出口贸易的影响，本研究选择 2007 年为分界点，将全部样本期间划分为两个阶段，2003 至 2007 年为农业保险没有获得中央财政农业保险保费补贴时期，2008 至 2015 年为农业保险获得中央财政农业保险保费补贴时期。2003 至 2015 年、2003 至 2007 年和 2008 至 2015 年的农业保险对农产品出口贸易影响实证结果见表 4.20。

表 4.20 农业保险对农产品出口贸易影响的动态面板模型实证结果

时段	2003 至 2015 年	2003 至 2007 年	2008 至 2015 年
动态面板模型	两步差分 GMM		
L.lnagrexp	0.687 （3.399）	0.733★★★ （0.173）	0.571★★★ （0.148）
L.insurance	18.907 （433.242）	4.436 （19.870）	33.335★★★ （7.761）
lnh	0.616 （4.395）	1.056★★ （0.587）	0.551★ （0.148）
lnavesow	0.479 （14.056）	−0.185 （0.483）	0.778★★★ （0.444）
常数项	3.177 （47.833）	1.269 （1.609）	4.915★★ （2.214）
AR(2)	−0.247 （0.805）	1.255 （0.210）	−1.063 （0.288）
Sargan	29.718 （1）	5.985 （0.308）	30.174 （0.306）
个体数	31	31	31
N	372	93	217

注：★★★、★★、★ 分别表示在 1%、5%、10% 水平上显著。AR（2）表示对一阶差分后的残差进行二阶序列自相关检验，原假设为该模型不存在二阶自相关性，括号内为 P 值。Sargan 表示对动态面板工具变量的过度识别检验，原假设为模型不存在弱工具变量，括号内为 P 值。

　　一是采用差分广义矩对 2003 至 2015 年农业保险对农产品出口贸易的影响进行考查，结果表明，无论是 L.lnagrexp 还是农业保险深度、农村人力资本和人均农作物播种面积对农产品出口贸易额都没有显著影响。

　　二是 2003 至 2007 年动态面板模型的实证结果显示 L.lnagrexp 的估计系数显著为正，其值为 0.733，表明农产品出口对自身发展具有一定的惯性。但是该时期农业保险深度对农产品出口贸易的影响并不显著，说明在没有获得中央财政农业保险保费补贴期间，农业保险的发展并没有带动农产品出口贸易的增长。

　　三是 2008 至 2015 年间动态面板模型的实证结果显示 L.lnagrexp 的估计系数显著为正，其值为 0.571，表明农产品出口对自身发展具有一定的惯性。并且该时期农业保险深度对农产品出口贸易的影响显著，估计系数为 33.335，并在 1% 置信水平上显著，说明农业保险深度每提高 1%，农产品出口额会增加 33.34%。说明在获得中央农业保险保费补贴之后，农业保险的发展能显著带动农产品出口贸易的增长。农村人力资本对农产品出口贸易额的影响显著，系数为 0.551，在 10% 的水平上显著。

　　随着科学技术的进步，特别是机械化和智能化的发展，农业生产对人力资本的依赖程度会有所提高，因此，人力资本积累越多，越能促进农产品出口贸易。人均农作物播种面积对农产品出口贸易的影响系数显著为正。根据 AR（2）和 Sargan 检验，表明两步差分 GMM 估计方法既不存在二阶自相关，也不存在过度识别问题。

　　总之，通过分时段具体考查农业保险深度对农产品出口贸易的影响问题，发现各省（市、区）在获得中央财政农业保险保费补贴之前，农业保险深度对农产品出口贸易的影响并不显著。而获得中央财政农业保险保费补贴之后，农业保险深度度对农产品出口贸易才产生显著的影响，说明政策性农业保险的实施能有效带动农产品出口贸易规模的增长。

4.5 中国政策性农业保险对农产品出口贸易影响的初步验证——基于引力模型分析

4.5.1 引力模型的概述

1. 引力模型的理论基础

Tinbergen（1962）和 Poyhonen（1963）在使用贸易引力模型的时候，主要是基于经验分析，而没有考虑其理论基础。在随后对贸易引力模型的研究过程中，学者们开始逐渐关注贸易引力模型的理论基础问题。

一是支出系统法。Aderson（1979）较早研究了贸易引力模型的理论基础问题，认为可以通过重组 Cobb–Douglas 支出系统得到最简化的引力模型。他做出以下假设：一是贸易不存在运输成本和关税等影响因素；二是每个国家都专业化生产一种产品；三是每个进口国都以其收入的相同比例购买国外的产品。基于以上假设，可以得出：国家 j 对国家 i 的进口额 $M_{ij}=\alpha_i Y_j$，其中 Y_j 表示进口国 j 的收入；α_i 表示进口国购买国外产品的收入比例。$Y_i=\alpha_i \Sigma_j Y_j$，其中 Y_i 表示出口国 i 的收入，是其向进口国 i 出口产品的销售额。将 $\alpha_i=\frac{Y_i}{\Sigma_j Y_j}$ 代入到 $M_{ij}=\alpha_i Y_j$ 中，可以得出：$M_{ij}=\frac{Y_i Y_j}{Y^w}$，其中 M_{ij} 表示国家 j 从国家 i 的进口额，Y_j、Y_i 和 Y^w 分别表示国家 j、国家 i 和世界的收入。同理也可以得到 $M_{ij}=\frac{Y_i Y_j}{Y^w}$，$M_{ij}$ 表示国家 i 从国家 j 的进口额。结合 M_{ij} 和 M_{ji} 可以得到 $M=\frac{2}{Y^w} Y_j Y_i^1$，$M$ 为国家 i 和国家 j 的双边贸易流量，进而推导出简化的贸易引力模型。

二是一般均衡法。Bergstrand（1985）较为系统地采用一般均衡方法推导贸易引力模型，他指出：由于在传统贸易引力模型中没有考虑价格等变量，而导致研究存在一定的偏差。他认为只要合理地做出一些假设，可以从一般均衡模型中推导出贸易引力模型。通过不变替代弹性效用函数与不变转移弹性生产函数构造生产函数与需求函数，将价格因素作为外生变量引入贸易方程。在此基础上，建立了一个世界贸易一般均衡模型，进而运用局部均衡模型推导了贸易引力模型。

三是多边阻力法。Aderson 和 Wincoop（2003）使用多边阻力法对贸易引力模型进行推导。假设条件：一是每个国家只专业化生产一种产品并且供给不变；二是各国消费者的消费偏好满足不变替代弹性效用函数条件。Aderson 和 Wincoop（2003）推导的引力模型——$M_{ij} = \frac{Y_i Y_j}{Y^w}(\frac{t_{ij}}{P_i P_j})^{1-\sigma}$，

式中 M_{ij} 表示 i 国从 j 国的进口额，Y_j、Y_i 和 Y^w 分别表示国家 j、国家 i 和世界的收入，P_i 和 P_j 分别表示 i 国和 j 国的价格指数，并且有 $P_j^{1-\sigma} = \Sigma_i \frac{t_{ij}^{1-\sigma} \theta_i}{P_i^{1-\sigma}}$，$t_{ij}$ 表示 i 国和 j 国的贸易成本并且有 $P_{ij} = P_i t_{ij}$，P_i 和 P_{ij} 分别表示 i 国商品在本国和在 j 国的价格，$\theta_i = \frac{Y_i}{Y^w}$ 表示 i 国收入占世界收入的比重。由于不仅受到双边阻力的影响同时其还受到其他贸易伙伴的阻力影响，所以 Aderson 和 Wincoop 将变量 P_i 作为多边阻力的考察变量。

以上三种代表性方法从不同的角度对贸易引力模型进行了推导，取得了较为满意的结果。

2. 引力模型的研究优势

引力模型自 20 世纪 60 年代初引入国际贸易研究领域，随后被广泛应用于双边和多边贸易流的研究，是能够较好地解释国际贸易现象的实证工具。引力模型运用灵活，后来的学者通过不断增加解释变量来改进和拓展引力模型，来考察国际贸易的新现象和新问题。引力模型计算较简便，而且能解释传统的贸易理论不能解释的实际贸易现象，因此它开拓了国际贸易理论新的计量研究空间。

后来学者们通过引入新的解释变量对传统的引力模型进行了有效的扩展，实现了较为理想的应用效果。新的解释变量主要包括两类：一类是影响贸易流量的解释变量，如人均 GDP、人口、汇率等经济因素；另一类是虚拟变量，如是否接壤、一体化组织等制度因素，以及共同语言、文化差异、种族关系等地理文化因素。由于该模型具有使用灵活简便、解释能力强、数据容易获取等特点，被广泛用来检验影响贸易流量的各种因素，用于测算某个国家或地区的贸易潜力，检验某些贸易制度安排的效果和边境效应等，较好地解释了较多现实中的贸易现象。

4.5.2 计量模型的构建及变量选取

1. 计量模型的构建

本书选取排名前 50 位的中国农产品进口国家和地区为研究对象，由于这 50 个国家和地区占中国农产品出口额的 90% 以上，从而该面板数据可以反映中国农产品出口贸易的总体格局，利用该数据进行分析得出的结果具有较强的代表性。对 2002 年至 2016 年中国农产品出口情况进行分析，借鉴宋海英（2013）、马惠兰等（2014）的方法构造中国农产品出口贸易扩展的引力模型：

$$lnT_{ij} = \beta_0 + \beta_1 lnavegdp_j + \beta_2 lndis_{ij} + \beta_3 lner_j + \beta_4 insurance_i + \mu_{ij} \quad (4.8)$$

公式（4.8）中，T_{ij} 表示中国 i 对 50 个国家或地区 j 的农产品出口额，$avegdp_j$ 代表 50 个国家或地区 j 的人均 GDP，dis_{ij} 表示中国 i 与 50 个国家或地区 j 首都（中心城市）之间的地理距离，er_j 代表 50 个国家或地区 j 的官方汇率，insurance 表示中国实施政策性农业保险的虚拟变量。除了经济总量、地理距离等常规变量外，本书将 50 个国家或地区的官方汇率纳入引力模型，考察汇率变动对这 50 个国家或地区的农产品贸易的影响程度，重点将政策性农业保险实施的虚拟变量纳入引力模型以分析其对农产品出口贸易的影响。

2. 变量的选取及说明

本书选取 2002 至 2016 年中国对 50 个样本国家或地区农产品的出口贸易数据进行计量分析。农产品出口贸易数据来源于 World Integrated Trade Solution （WITS）数据库。中国与各国或地区之间的距离用北京到各国（地区）首都的（中心城市）直线距离表示，数据来自 http://www.cepii.fr/ 网站。国际原油价格来自美国能源信息署网站 https://www.eia.gov。各国（地区）人均 GDP、官方汇率等数据都来源于世界银行。中国实施政策性农业保险资料来源于《中央财政农业保险保费补贴试点管理办法》。

（1）被解释变量

农产品出口额（T）。本章所采取的农产品的统计口径是海关合作理事会制定的 HS 的前 24 章，即选取的农产品采用 HS 分类标准（商品名称及编码协调制度）的 HS 01-24 章所有 6 位数编码产品。与上述章节 WTO《农业协定》口径 + 水海产品统计口径的统计结果对比，我国近几年的农产品贸易统计数据没有多大差别。

（2）核心解释变量

政策性农业保险虚拟变量（insurance）。我国 2007 年开始实施中央财政农业保险保费补贴，2002 至 2007 年取值为 0，2008 至 2016 年取值为 1。本章重点探讨该变量对农产品出口贸易的影响。

（3）其他解释变量

包括各国或地区人均 GDP、中国与 j 国（地区）的地理距离和双边汇率，具体内容如下：

各国或地区人均 GDP（avegdp）。人均 GDP 代表 j 国或地区的经济规模越大，该国的对外需求能力就越大，与我国的农产品贸易规模就越大。中国农产品出口贸易一般与各国人均 GDP 成正比。

中国与 j 国或地区的地理距离（dis）。中国与各国或地区之间的距离用北京到各国首都的直线距离表示。地理距离代表双边贸易的运输成本，是双边贸易的主要阻力因素，中国与 j 国（地区）或地区相距越远，贸易的成本越高，双边贸易因受成本制约无法进一步扩大。由于地理距离是不随时间变化的量，无法使用双向固定效应模型，因此运用国际原油价格数据对距离变量进行加权处理。中国农产品出口贸易一般与各国或地区的地理距离成负相关关系。

双边汇率（er）。根据 50 个国家或地区货币与美元的汇率以及人民币与美元的双边汇率，换算得到人民币与这些国家的双边汇率（间接标价法）。一般在间接标价法下，人民币对其他国家货币汇率的上升意味着人民币对其他国家货币升值可能会抑制中国农产品出口额的增长。中国农产品出口贸易一般与各国或地区的汇率水平成负相关关系。

有关被解释变量和解释变量的数据说明和描述性统计见表 4.21。

表 4.21　数据说明和描述性统计

变量名称	变量含义	样本数	平均值	标准差	最小值	最大值
lnT	农产品出口额对数值	750	19.367	1.464	16.088	23.193
lnavegdp	进口国家或地区的人均生产总值对数值	750	9.141	1.428	4.968	11.451
lndis	我国与进口国家或地区的地理距离对数值	750	12.827	0.698	10.126	14.341
lner	汇率水平对数值	750	0.713	2.629	−2.723	8.447
insurance	政策性农业保险的虚拟变量	750	0.667	0.472	0	1

4.5.3 回归结果分析

1. 基本回归结果分析

本书采用时间跨度为 15 年、横截面有 50 个国家或地区的面板数据进行分析，模型的估计结果见表 4.22。

表 4.22　政策性农业保险对农产品出口贸易的影响的基本回归结果

被解释变量 解释变量	农产品出口贸易总额		
	（1）基本回归模型	（2）拓展回归模型	（3）拓展回归模型
lnavegdp	0.470★★★（0.137）	0.453★★★（0.155）	0.453★★★（0.155）
lndis	2.616★★★（0.286）	2.608★★★（0.288）	−0.400★★★（0.140）
lner		0.046（0.041）	0.046（0.041）
insurance			1.524★★★（0.159）
常数项	−17.013★★★（2.753）	−16.796★★★（2.740）	19.184★★★（1.963）
Hausman 检验	79.48（0.0000）	18.32（0.0004）	16.60（0.0009）
F	51.21★★★	66.75★★★	66.75★★★
Adj-R^2	0.787	0.788	0.788

注：①括号内为稳健性标准误；②★★★、★★、★分别表示在1%、5%、10%水平上显著。

如表 4.22 所示，从 Hausman 检验来看，基本回归模型和两个拓展回归模型 P 值分别为 0.0000、0.0004 和 0.0009，表示拒绝原假设，认为固定效应模型的基本假设得到满足，说明固定效应方法优于随机效应方法。因此最终选择固定效应模型来分析我国农产品出口贸易的影响因素。先使用基本回归模型（1）进行回归，然后逐步加入其他解释变量，最后形成拓展回归模型（3）的回归结果。调整后 R^2 拟合度很高，说明模型（3）的解释变量的解释力都较强。可以得出以下结论：

一是重点研究政策性农业保险对我国农产品出口贸易的影响。政策性农业保险的虚拟变量对农产品出口贸易的影响系数为 1.524，通过了 1% 的显著性检验，表明我国实施政策性农业保险显著促进了我国农产品出口规模。原因是政策性农业保险的实施促进了农业生产，间接促进了农产品出口贸易。

二是进口国家或地区的人均国内生产总值对中国农产品出口贸易产生了显著的正向影响，估计系数为 0.453，表明进口国家或地区的人均国内生产总值的提高显著地促进了中国农产品的出口贸易。原因是随着进口国家或地区经济规模的增长，对农产品的需求也不断增长。

三是地理距离对我国农产品出口贸易的影响十分显著，其估计系数为 –0.4，显著抑制了我国农产品出口贸易。原因是两国（地区）的地理距离越远，运输成本越高，影响了两国（地区）之间的农产品出口贸易额。

四是汇率水平对我国农产品出口贸易的影响并不显著。原因是农产品缺乏需求弹性，农产品需求受价格的影响较小。在国际市场上农产品贸易不易受汇率的影响。

2. 分地区回归结果

"一带一路"倡议已经提出了 5 年，我国与"一带一路"沿线国家或地区贸易关系越来越紧密，样本中的 50 个国家或地区有 25 个国家或地区是"一带一路"沿线国家或地区，运用引力模型具体分析我国与这 25 个"一带一路"沿线国家或地区农产品出口贸易的影响因素，重点考查政策性农业保险政策对这 25 个"一带一路"沿线国家或地区农产品出口贸易的影响，具体划分情况见 4.23 所示。

表 4.23　区域划分与国家选择

区域	国家选取
"一带一路"沿线国家或地区	孟加拉共和国、保加利亚、捷克共和国、印度、印度尼西亚、伊朗、以色列、哈萨克斯坦、黎巴嫩、马来西亚、缅甸、巴基斯坦、菲律宾、波兰、罗马尼亚、俄罗斯、沙特阿拉伯、新加坡、斯里兰卡、泰国、土耳其、乌克兰、阿联酋、越南、也门
非"一带一路"沿线国家或地区	阿尔及利亚、澳大利亚、比利时、巴西、加拿大、科特迪瓦、丹麦、埃及、法国、德国、希腊、香港、意大利、日本、韩国、澳门、墨西哥、摩洛哥、荷兰、新西兰、南非、西班牙、瑞典、英国、美国

关于政策性农业保险对"一带一路"国家或地区农产品出口贸易影响的回归结果见表 4.24。

表 4.24　政策性农业保险对"一带一路"国家或地区
农产品出口贸易影响的回归结果

解释变量 ＼ 被解释变量	"一带一路"国家和地区农产品出口贸易总额
lnavegdp	0.431★（0.243）
lndis	−0.502★★（0.224）
lner	0.062（0.048）
insurance	1.515★★★（0.337）
常数项	20.463★★★（3.168）
F 检验	127.600★★★
Hausman 检验	22.740（0.0001）
Adj-R^2	0.776

注：①括号内为稳健性标准误；
　　②★★★、★★、★分别表示在 1%、5%、10% 水平上显著。

由表 4.24 可知，通过 Hausman 检验固定效应模型的基本假设得到满足，说明固定效应方法优于随机效应方法。所以选择固定效应模型来分析我国农产品出口贸易的影响因素。研究结论如下：

政策性农业保险对 25 个"一带一路"国家或地区农产品出口总额的

影响显著，影响系数为 1.515，并在 1% 的水平上显著。25 个"一带一路"沿线国家或地区的人均 GDP 对我国农产品出口总额的影响显著。地理距离抑制了我国对这 25 个"一带一路"沿线国家或地区的农产品出口贸易。

关于政策性农业保险对非"一带一路"国家或地区农产品出口贸易影响的回归结果见表 4.25。

表 4.25 政策性农业保险对非"一带一路"国家或地区农产品出口贸易影响的回归结果

被解释变量 解释变量	非"一带一路"国家和地区农产品出口贸易总额
lnavegdp	0.571 （0.336）
lndis	−0.296 （0.181）
lner	0.019 （0.058）
insurance	1.473★★★ （0.206）
常数项	16.866★★★ （3.150）
F	133.2★★★
Hausman 检验	17.410（0.0016）
Adj-R^2	0.815

注：①括号内为稳健性标准误；②★★★、★★、★ 分别表示在 1%、5%、10% 水平上显著

由表 4.25 可知，通过 Hausman 检验固定效应模型的基本假设得到满足，说明固定效应方法优于随机效应方法。所以选择固定效应模型来分析我国农产品出口贸易的影响因素。关于对 25 个非"一带一路"沿线国家或地区农产品出口贸易总额，四个解释变量中只有政策性农业保险对 25 个非"一带一路"沿线国家或地区国家农产品出口总额的影响显著，影响系数为 1.473，并在 1% 的水平上显著，而其他四个解释变量的影响都不显著。

3. 稳健性检验

前文使用双向固定效应方法来估计政策性农业保险对农产品出口贸易的影响，为了检验模型的稳健性，以下使用 OLS 方法来估计模型，见表 4.26。

表 4.26　政策性农业保险对农产品出口贸易的影响的基本回归结果

被解释变量 解释变量	农产品出口贸易总额		
	（1）基本回归模型	（2）拓展回归模型	（3）拓展回归模型
lnavegdp	0.470★★★（0.733）	0.453★★★（0.075）	0.453★★★（0.075）
lndis	2.616★★★（0.211）	2.608★★★（0.210）	−0.400（0.542）
lner		0.046（0.037）	0.046（0.037）
insurance			1.524★★★（0.323）
常数项	−18.508★★★（2.395）	-18.381★★★（2.384）	18.859★★★（6.7163）
控制时间虚拟变量	控制	控制	控制
控制个体虚拟变量	控制	控制	控制
F	686.87★★★	689.38★★★	689.38★★★
Adj-R^2	0.959	0.959	0.959

注：①括号内为稳健性标准误；②★★★、★★、★分别表示在1%、5%、10%水平上显著。

　　由表 4.26 可知，OLS 方法的实证结果与双向固定效应的实证结果基本相同。第一，政策性农业保险的虚拟变量对农产品出口贸易的影响系数为 1.524，通过了 1% 的显著性检验，表明我国实施政策性农业保险显著促进了我国农产品出口规模。第二，进口国家的人均国内生产总值对中国农产品出口贸易产生了显著的正向影响，估计系数为 0.453，表明进口国家的人均国内生产总值的提高显著地促进了中国农产品的出口贸易。

4.6　本章小结

中国农业生产取得的成就主要包括农业生产能力大幅度提高、农业生产条件逐步改善和农民持续增收等。中国农业生产从 2004 年开始走出了 1997 年以来的低速发展的阶段，农林牧渔业总产值从 2004 年的 36238.99 亿元攀升至 2017 年的 109331.72 亿元。在粮食总产量增长的同时，蔬菜的产量增长较快，肉类、水产品等农产品的产量也比较稳定。全国有效灌溉面积不断增长，到 2017 年末已经达到 67815.57 千公顷，这对提高土地生产力起到了重要的作用。农民收入的增加对农村减贫能起到关键的作用。但农业生产也存在一些不容忽视的问题，如农业经营规模较小、农业从业人员减少及老龄化现象并存和农产品品牌建设相对滞后。中国农产品出口贸易的主要成就主要包括农产品出口贸易规模持续增长、农产品出口贸易促进成效日益显著。中国农产品出口存在的问题包括农产品出口结构不合理、农产品出口市场集中度太高、农产品国内出口地区不平衡和农产品贸易易逆差逐年增加。

本章采用双重差分方法倾向匹配得分（PSM-DID）研究政策性农业保险对农业生产的影响。可以将政策性农业保险试点视为准实验，把所研究的样本分成两个组，分别是处理组和对照组，即实施政策性农业保险试点的省（市、区）和没有实施政策性农业保险试点的省（市、区）。根据生产函数和借鉴前人的研究成果，选用农业保险赔付率、人均农作物播种面积、农村人力资本和人均化肥施用量作为匹配变量，分别用最近邻匹配方法、半径匹配方法和核匹配方法这三种倾向匹配方法来对样本进行匹配。为了进一步消除未被纳入研究或不容易观测到的因素的影响，在用 PSM 方法对数据处理后，使用双重差分方法（DID）来估计政策性农业保险对农业生产的影响。研究结果表明政策性农业保险的实施能促进人均农林牧渔业增加值的增长。

　　基于 2006 至 2015 年中国 31 个省（市、区）的面板数据和采用动态面板模型来分时段初步验证政策性农业保险对中国农产品出口贸易的影响。实证结果表明各省（市、区）在实施政策性农业保险之前，农业保险深度对农产品出口贸易的影响并不显著。而实施政策性农业保险之后，农业保险深度对农产品出口贸易才产生显著的影响，说明政策性农业保险的实施能有效带动农产品出口贸易规模的扩大。

　　基于出口对象国和地区的相关面板数据和采用扩展的引力模型来初步验证政策性农业保险对我国农产品出口的影响。实证结果表明政策性农业保险整体上对农产品出口贸易产生了积极影响，而且贸易伙伴国和地区的人均国内生产总值也对我国农产品出口贸易产生正向影响，而我国与贸易伙伴国和地区之间的地理距离则阻碍了我国农产品出口贸易，汇率水平对我国农产品出口贸易的影响并不明显。50 个国家和地区样本中有 25 个 "一带一路" 沿线国家和 25 个非 "一带一路" 沿线国家或地区。关于分地区的实证结果显示，政策性农业保险对样本中 25 个 "一带一路" 沿线国家或地区农产品出口贸易影响较显著，而对另外 25 个非 "一带一路" 沿线国家或地区的影响并不显著，实证结果也通过了稳健性检验。

第 5 章

中国政策性农业保险对农产品出口贸易易影响的进一步验证

5.1 中国政策性农业保险对农产品出口规模影响的实证分析

5.1.1 计量模型的设定与变量选取

1. 计量模型的设定

关于政策性农业保险的实施对农产品出口贸易规模的政策效应，本来可以采用中央财政农业保险保费补贴资金作为政策变量，然后利用回归模型估计政策的影响，但本书无法获取近 10 年该政策在各省（市、区）相关财政补贴的准确数据，而且会存在政策变量的内生性问题，而为政策寻找合适的工具变量又十分困难，因而，要研究政策性农业保险的实施是否促进了农产品出口贸易规模，可以采用国际上广泛认可的政策评估方法——双重差分方法测度政策的效应。双重差分方法思路清晰，估计方法成熟，并且能很好地控制模型的内生性问题。20 世纪 70 年代末西方将 DID 方法引入到经济学研究当中。国内首次引入 DID 方法的是周黎安和陈烨（2005），他们具体评估了中国税费改革对农民收入的影响。近年来越来越多的学者开始使用这一方法对项目实施或公共政策的实施效果进行定量评估。

本章要考察政策性农业保险的实施是否促进了农产品出口贸易，这需要比较受到政策影响的试点省（市、区）和未受到政策影响的省（市、区）在政策实施前后的政策效应。

双重差分模型的基本设定为：

$$lnagrexp_{it} = \alpha_0 + \alpha_1 treat_i * time_t + \alpha_2 treat_i + \alpha_3 time_t + \varepsilon_{it} \qquad (5.1)$$

模型（5.1）中，t 代表年份，i 代表省（市、区），$lnagrwxp_{it}$ 为被解释变量。treat 表示试点省（市、区），time 表示试点时间。treat*time 为处理组虚拟变量与时间虚拟变量的交叉项，是双重差分统计量。ε_{it} 是随机误差项。α_1 就是我们应该重点关注的变量，反映了政策效应。如果 α_1 的系数为正，表明该政策具有效果，反之则有负作用。

但是考虑到中国中央财政农业保险保费补贴政策是从 2007 年开始分省（市、区）逐步实施的（具体参见上文表 4.11），之后向全国范围内逐步展开，到 2012 年实现了全国覆盖，中国农业保险得以迅速发展。模型（5.1）只能分析第一批政策试点省（市、区）对农产品出口贸易的影响。因此，借鉴付小鹏和梁平（2017）的做法将模型（5.1）扩展得到模型（5.2）：

$$lnagrexp_{it} = \beta_0 + \beta_1 treated_{it} + \gamma Z_{it} + u_i + \tau_t + \varepsilon_{it} \quad\quad （5.2）$$

模型（5.2）中，i 代表省（市、区），t 代表年份。农产品出口额对数值（lnagrexp）是被解释变量。$treated_{it}$ 是双重差分统计量，即是政策性农业保险的实施，用中央财政农业保险保费补贴试点政策的实施来表示。$treated_{it}$ 表示在 t 年 i 省（市、区）农产品出口是否受到政策的影响，受到影响则该值为 1，否则该值为 0。$treated_{it}$ 前面的系数 β_1 的估计量则为政策处理效应，也是应重点关注的核心变量。Z_{it} 是其他影响农产品出口额的控制变量，u_i 表示个体固定效应，τ_t 表示时间固定效应。ε_{it} 表示随机扰动项。控制变量包括第 $t-1$ 年农业保险赔付率、人均农作物播种面积对数值、农村人力资本对数值和人均农村物质资本存量对数值。模型（5.2）主要考察政策性农业保险对农产品出口贸易规模的影响，如果系数 β_1 显著为正，那就说明该政策从总体上促进了农产品出口贸易规模的增长；如果显著为负，那就说明该政策抑制了农产品出口规模的增长。

2. 变量选取及说明

本章使用的数据包括中国 31 个省（市、区）的 2006 至 2016 年面板数据。本章农产品贸易数据来源于商务部公布的《中国农产品出口月度统计报告》，农业保险数据来源于中国保监会公布的《中国保险统计年鉴》。其他数据均来源于《中国统计年鉴》《中国农业年鉴》和《中国人口与就业统计年鉴》，计量所用相关货币以人民币为准，美元按当年人民币兑美元汇率中间价折算成人民币。

被解释变量：农产品出口额对数值（lnagrexp）。本章选择农产品出口额作为本书关键被解释变量，考查政策性农业保险对农产品出口贸易规模的影响。本章农产品的统计口径依据《中国农产品出口月度统计报告》。①

关键解释变量：政策性农业保险实施的虚拟变量（treated）。该变量由中央财政农业保险保费补贴政策试点来表示。如果某一省（市、区）进入中央财政农业保险保费补贴政策试点范围，则在当年受到政策性农业保险的影响，其政策处理变量（treated）等于1，则其他年份该变量为0。预期该指标与被解释变量正相关。

控制变量1：农业保险赔付率（rate）。这是农业保险赔付额与农业保险保费收入的比例。因为农户得到保险赔付之后，从恢复生产到有所收获并出口，必然有一定的时间间隔，所以使用第t-1年农业保险赔付率（$rate_{t-1}$）进行实证分析。预期该指标与被解释变量正相关。

控制变量2：人均农作物播种面积对数值（lnavesow）。人均农作物播种面积等于农作物总播种面积除以第一产业就业人员。土地是农业生产的基本要素，土地面积在很大程度上决定了农业生产规模的大小，并间接影响到农产品出口。本书考虑到数据的可获取性，拟用农作物总播种面积替代土地面积。预期该指标与被解释变量正相关。

控制变量3：农村人力资本对数值（lnh）。农村人力资本是农业生产的基础要素，是其他生产要素的使用者、发展者和创新者。测算方法参见4.3.2。预期该指标与被解释变量正相关。

控制变量4：人均农村物质资本存量对数值（lnavek）。资本是生产过程中最重要的投入要素之一。预期该指标与被解释变量正相关。对于物质资本存量的度量，采用的是Goldsmith提出的永续盘存法，张军（2004）等诸多学者均采用此方法对物质资本存量进行了估算。其基本公式为：

$$K_{it} = I_{it}/P_{it} + (1 - \delta_{it})K_{it-1} \tag{5.3}$$

公式（5.3）中，K_{it} 为 i 省（市、区）第 t 年的期末的资本存量，I_{it} 为

---

① 中华人民共和国商务部 . 关于《中国农产品出口月度统计报告》的说明 [EB/OL]. http://www.mofcom.gov.cn/aarticle/bg/200305/20030500090865.html,2003-05-15/2018-07-12.

i 省（市、区）第 t 年发生的农林牧副渔全社会固定资产投资额，δ_{it} 为资本折旧率。这一估算公式涉及以下问题：首先，确定一个基期资本存量。对基期资本存量的估算方法不尽相同。本书采取张军的做法作为确定基期资本存量的依据，即固定资本形成除以 10% 作为该省（市、区）的初始资本存量。其次，确定合适的折旧率。但是在折旧率的选择上，不同学者的研究有较大的差异。关于农村物质资本折旧率的核算，吴方卫（1999）、王劲屹（2018）采用 5.42% 作为农村固定资产折扣率。本书在参考众多参考文献的基础上也选取 5.42% 作为折旧率。最后，采用式（5.3）计算出资本存量序列，从而估计出结果。另外考虑到没有合适的农村物质资本的相关价格指数，因此本书选择不进行价格缩减。

关于被解释变量和解释变量的数据说明和描述性统计参见表 5.1。

表 5.1　数据说明和描述性统计

变量名称	变量含义	平均值	标准差	最小值	最大值
lnagrexp	农产品出口额对数值	13.068	1.483	8.469	16.197
treated	政策性农业保险实施的虚拟变量	0.719	0.450	0	1
$rate_{t-1}$	第 $t-1$ 年农业保险赔付率	0.832	3.885	−0.106	72
lnavesow	人均农作物播种面积对数值	0.599	0.402	−1.366	0.491
lnh	农村人力资本对数值	1.991	0.135	1.340	2.243
lnavek	人均农村物质资本存量对数值	9.907	0.830	7.315	12.324

5.1.2　实证结果与分析

1. 政策性农业保险与农产品出口规模的总体实证

对于政策实施时间不一致的情况，这种多期双重差分方法应该使用混合最小二乘法来估计，因为政策在各个地区实施的时间跨度很大，导致用来估计双重差分交互项的观测变量十分有限。我们使用的数据是 2006 至 2016 年这 11 年的数据，其中有的省（市、区）实施政策性农业保险比较早，而有些省（市、区）则比较晚。使用面板固定效应模型需要进行组内估计，那就使得观测值太少了，影响估计结果的准确性。因此，直接使用混合最小二乘法来估计双重差分模型，回归结果如表 5.2 所示。

表 5.2　政策性农业保险对农产品出口贸易的一般双重差分实证结果

被解释变量 解释变量	农产品出口额		
	（1）	（2）	（3）
政策性农业保险实施的虚拟变量 （treated）	0.627★★★ （0.157）	0.049 （0.051）	0.108★★ （0.053）
试点第一年 （2007 年）		0.137 （0.089）	0.092 （0.079）
试点第二年 （2008 年）		0.137 （0.084）	0.024 （0.085）
试点第三年 （2009 年）		0.088 （0.074）	−0.057 （0.082）
试点第四年 （2010 年）		0.303★★★ （0.077）	0.097 （0.100）
试点第五年 （2011 年）		0.432★★★ （0.081）	0.207★ （0.106）
试点第六年 （2012 年）		0.464★★★ （0.083）	0.230★★ （0.114）
试点第七年 （2013 年）		0.528★★★ （0.086）	0.294★★ （0.121）
试点第八年 （2014 年）		0.574★★★ （0.092）	0.337★★ （0.141）
试点第九年 （2015 年）		0.540★★★ （0.096）	0.448★★★ （0.170）
试点第十年 （2016 年）		0.655★★★ （0.098）	0.419★★★ （0.156）
第 $t-1$ 年农业保险赔付率（rate_{t-1}）	0.003 （0.003）		0.005★★★ （0.002）
人均农作物播种面积对数值（lnavesow）	0.690★★★ （0.19）		1.294★★★ （0.199）
农村人力资本对数值 （lnh）	5.891★★★ （0.525）		0.856 （0.711）
人均农村物质资本存量对数值（lnavek）	0.073 （0.099）		−0.093 （0.081）
常数项	1.255★★★ （1.396）	13.241★★★ （0.159）	13.56★★★ （1.643）
是否控制个体固定效应	不控制	控制	控制
是否控制时间固定效应	不控制	控制	控制
Adj-R^2	0.294	0.973	0.977

注：★★★、★★、★ 分别表示在 1%、5%、10% 水平上显著。

表 5.2 说明了政策性农业保险对农产品出口贸易的双重差分的估计量，从回归结果可以看出，其中方程（1）控制了第 $t-1$ 年政策性农业保险赔付率、人均农作物播种面积、农村人力资本和人均农村物质资本存量这些控制变量，未控制个体固定效应和时间固定效应，发现政策性农业保险对农产品出口贸易的贡献达 0.627，在 1% 的水平下显著为正，反映出该政策促进了农产品出口贸易的增长。方程（2）回归结果表明政策性农业保险对农产品出口贸易的影响不显著。方程（3）同时控制了个体固定效应来看、时间固定效应和 $t-1$ 期农业保险赔付率、农村人力资本、人均农村物质资本存量、人均农作物播种面积这些控制变量，从计量结果来看政策性农业保险的实施，使得试点省（市、区）对农产品出口贸易增长的贡献度比非试点省（市、区）高出 0.108。从政策性农业保险实施的时间趋势效应来看，该政策在试点前几年对农产品出口贸易的影响并不显著，从保险补贴的第五年（2011）开始才对农产品出口贸易产生显著的正向影响，影响系数为 0.207，仅在 10% 的水平上显著为正。随后几年的影响是逐步增强的，2012、2013 和 2014 年的影响系数分别为 0.23、0.294 和 0.337，并且在 5% 的水平上显著为正。2015 和 2016 年的影响系数提高到了 0.448 和 0.419，已经在 1% 的水平上显著为正。在控制变量中第 $t-1$ 年政策性农业保险赔付率对农产品出口贸易产生显著的正向影响，这是因为保险公司对受灾农户赔偿的比例越高，越有利于受灾农户恢复农业生产，促进了农产品贸易的增长。人均农作物播种面积也在一定程度上促进了农产品出口贸易。农村人力资本和人均农村物质资本存量对农产品出口贸易的影响都不显著。

政策性农业保险赔付率的高低可以体现政策性农业保险的实施强度。对于农户来说赔付率越高意味着从该项政策获得的保障越强，越有利于其恢复生产，促进农产品出口。由于各省（市、区）实施政策性农业保险的时间和强度都是不一样的，可以进一步采取连续型解释变量而非离散虚拟解释变量来考查政策性农业保险对农产品出口贸易的影响。政策的准自然实验将整个样本分为处理组（赔付率较高的）和对照组（赔付率较低的），从而可以考察它们对农产品出口额影响的差异。这种连续型双重差分方法与一般双重差分方法的主要区别是不用虚拟变量来区分处理组和对照组，而是考虑政策性农业保险试点的连续变化。这种方法更好地利用了样本的信息，从而能得到更加精确的结果。参照一般双重差分方法，直接使用混合最小二乘法来估计双重差分模型，回归结果如表 5.3 所示。

表 5.3 政策性农业保险对农产品出口贸易影响的连续型双重差分实证结果

解释变量　＼　被解释变量	农产品出口额		
	（1）	（2）	（3）
政策性农业保险实施强度 （treat*rate$_{t-1}$）	0.312 （0.223）	0.016 （0.034）	0.073★★ （0.034）
试点第一年 （2007 年）		0.144 （0.089）	0.089★ （0.079）
试点第二年 （2008 年）		0.159★★ （0.077）	0.049 （0.077）
试点第三年 （2009 年）		0.109★ （0.066）	−0.034 （0.074）
试点第四年 （2010 年）		0.329★★★ （0.067）	0.117★ （0.094）
试点第五年 （2011 年）		0.463★★★ （0.071）	0.231★★ （0.102）
试点第六年 （2012 年）		0.505★★★ （0.064）	0.285★★★ （0.105）
试点第七年 （2013 年）		0.567★★★ （0.068）	0.344★★★ （0.114）
试点第八年 （2014 年）		0.613★★★ （0.079）	0.384★★★ （0.138）
试点第九年 （2015 年）		0.578★★★ （0.086）	0.508★★★ （0.171）
试点第十年 （2016 年）		0.693★★★ （0.087）	0.461★★★ （0.157）
人均农作物播种面积对数值 （lnavesow）	0.688★★★ （0.196）		1.264★★★ （0.204）
农村人力资本对数值 （lnh）	5.939★★★ （0.532）		0.958★ （0.696）
人均农村物质资本存量对数值 （lnavek）	0.021 （0.101）		−0.089★ （0.078）
常数项	0.546 （1.485）	13.229★★★ （0.156）	13.269★★★ （1.620）
是否控制个体固定效应	不控制	控制	控制
是否控制时间固定效应	不控制	控制	控制
Adj-R^2	0.27	0.973	0.977

注：★★★、★★、★ 分别表示在 1%、5%、10% 水平上显著。

表 5.3 说明了运用连续型变量来考察政策性农业保险对农产品出口贸易的双重差分的估计量，从回归结果可以看出，其中方程（1）栏未控制个体固定效应和时间固定效应，但控制了农村人力资本、人均农村物质资本存量和人均农作物播种面积这些控制变量，结果发现政策性农业保险的实施强度对农产品出口没有显著的影响。方程（2）栏未控制农村人力资本、人均农村物质资本存量和人均农作物播种面积这些控制变量，但控制了个体固定效应和时间固定效应，回归结果表明政策性农业保险的实施强度对农产品出口贸易也没有显著影响。方程（3）栏同时控制了农村人力资本、人均农村物质资本存量、人均农作物播种面积这些控制变量以及个体固定效应和时间固定效应。从计量结果来看，政策性农业保险的实施强度使得试点省（市、区）相对于没有试点的省（市、区）对农产品出口贸易增长的贡献度高出 0.073。从时间趋势效应看，该政策在试点前几年政策性农业保险的实施强度对农产品出口贸易的影响并不显著，从保险补贴的第四年（2010 年）开始才对农产品出口贸易产生显著的正向影响，影响系数为 0.117，并在 10% 的水平上显著为正。随后几年的影响基本是逐步增强的，2012、2013、2014、2015 和 2016 年的影响系数分别为 0.285、0.344、0.384、0.508 和 0.461，并且在 1% 的水平上显著为正。在方程（3）栏中人均农村物质资本存量对农产品出口贸易产生了负影响。人均农作物播种面积和农村人力资本在一定程度上促进了农产品出口贸易。

2. 农产品出口贸易的农业保险政策效应研究的分地区实证结果

为考察农产品出口贸易的农业保险政策效应的地区差异，本书分别对东部、中部和西部地区进行了政策效应评估。根据国家统计局的统计制度及分类标准，将中国分为东部、中部和西部地区。

如表 5.4 所示，根据对三大地区分别进行回归的估计结果来看，在控制了所有其他变量的情况下，中央财政农业保险保费补贴政策的实施只对西部地区的农产品出口贸易产生明显的正效应，而且影响的程度要高于全国整体的水平，影响系数为 0.243。原因之一是：根据《中央财政农业保险保险费补贴管理办法》，在种植业保险方面，中央财政在省级财政补贴基础上，对中西部地区补贴比对东部地区补贴高出 5%。而在养殖业保险方面，中央财政至少在省级及省级以下财政补贴的基础上，对中西部地区

表 5.4 按东部、中部和西部划分的双重差分实证结果

被解释变量 解释变量	农产品出口额		
	东部	中部	西部
政策性农业保险实施的虚拟变量 （treated）	0.039 (0.070)	0.126 (0.111)	0.243★★ (0.100)
第 $t-1$ 年政策性农业保险赔付率 （$rate_{t-1}$）	0.002 (0.001)	−0.036 (0.077)	0.120★ (0.064)
人均农作物播种面积对数值 （lnavesow）	0.914★★★ (0.225)	2.394★★★ (0.508)	1.578★★ (0.652)
农村人力资本对数值 （lnh）	0.060 (0.575)	2.662★★ (1.212)	0.714 (1.342)
人均农村物质资本存量对数值 （lnavek）	−0.157★★ (0.075)	0.018 (0.185)	−0.184 (0.257)
常数项	15.666★★★ (1.530)	6.648★★ (3.152)	12.152★★★ (3.463)
是否控制个体固定效应	控制	控制	控制
是否控制时间固定效应	控制	控制	控制
Adj-R^2	0.982	0.961	0.958

注：★★★、★★、★★ 分别表示在 1%、5%、10% 水平上显著。

补贴高于东部地区补贴 10%。原因之二是：中国目前农业保险实施的是"广覆盖、低保费、低保障"补贴原则，补贴的总体水平偏低，保险金额一般只保障生产过程中的物化成本。补贴政策对农产品出口贸易额较低的西部地区的作用会更明显。西部地区控制变量当中第 $t-1$ 年农业保险赔付率也对农产品出口贸易产生了显著的正向影响，同时人均农作物播种面积也在一定程度上促进了农产品出口贸易。

为考察农产品出口贸易的农业保险政策效应对粮食主产区和非粮食主产区产生的差异，根据 2004 年《中共中央国务院关于促进农民增长收入若干政策的意见》划分的十三个粮食主产区和非粮食主产区，粮食主产区为河北、河南、黑龙江、吉林、辽宁、湖北、湖南、江苏、江西、内蒙古、山东、四川、安徽，共 13 个省（市、区），其余省（市、区）为非粮食主产区。

表 5.5　按粮食主产区与非粮食主产区划分的双重差分估计结果

被解释变量 解释变量	农产品出口额	
	粮食主产区	非粮食主产区
政策性农业保险实施的虚拟变量 （treated）	0.223★★ (0.105)	0.138★ (0.072)
第 $t-1$ 年农业保险赔付率 （$rate_{t-1}$）	0.015 (0.050)	0.005★★ (0.002)
人均农作物播种面积对数值 （lnavesow）	−0.257 (0.484)	1.357★★★ (0.222)
农村人力资本对数值 （lnh）	1.605★ (0.938)	0.592 (0.892)
人均农村物质资本存量对数值（lnavek）	0.900★★★ (0.217)	−0.161★ (0.086)
常数项	1.32 (2.046)	14.847★★★ (2.075)
是否控制个体固定效应	控制	控制
是否控制时间固定效应	控制	控制
Adj-R^2	0.975	0.977

注：★★★、★★、★ 分别表示在 1%、5%、10% 水平上显著。

如表 5.5 所示，根据对粮食主产区和非粮食主产区的估计结果来看，控制其他变量的情况下，中央财政农业保险补贴政策对粮食主产区和非粮食主产区的农产品出口贸易的增长都产生了政策效应，但是对粮食主产区农产品出口贸易的影响明显要大于非粮食主产区。中央财政农业保险补贴政策对粮食主产区的农产品出口贸易的增长的影响系数为 0.223，在 5% 的水平上显著，而对非粮食主产区的农产品出口贸易的增长的影响系数为 0.138，只在 10% 的水平上显著。

3. 农产品出口贸易的农业保险政策效应研究的分产品实证结果

为考察政策性农业保险是否对不同种类的农产品出口贸易的影响存在差异，本书分别对中国主要出口的种植业产品和养殖业产品分别进行政策性农业保险政策效应评估。由于青海和宁夏主要种植业出口金额非常少，因此在实证分析时剔除掉这两个地区。

表 5.6　农产品出口贸易的农业保险政策效应的分产品双重差分实证结果

被解释变量 解释变量	种植业产品出口额		养殖业产品出口额	
	（1）	（2）	（3）	（4）
政策性农业保险实施的哑变量 （treated）	0.209 (0.168)	0.300★ (0.164)	−0.054 (0.263)	0.045 (0.263)
第 15−1 年农业保险赔付率 （$rate_{t-1}$）		0.011★ (0.006)		−0.0008 (0.007)
人均农作物播种面积对数值 （lnavesow）		2.765★★★ (0.670)		
农村人力资本对数值 （lnh）		2.984★★ (1.459)		0.272 (1.908)
人均农村物质资本存量对数值 （lnavek）		0.029 (0.296)		−0.132 (0.365)
常数项	11.885★★★ (0.349)	7.746 (3.630)		9.476★ (5.052)
是否控制个体固定效应	控制	控制	控制	控制
是否控制时间固定效应	控制	控制	控制	控制
Adj-R^2	0.803	0.820	0.893	0.893

注：★★★、★★、★分别表示在 1%、5%、10% 水平上显著。

如表 5.6 所示，根据对主要种植业产品出口额进行回归的估计结果来看，在不控制其他变量的情况下，政策性农业保险的实施对主要种植业出口贸易的增长无明显政策效应。在控制了其他变量的情况下，政策性农业保险的实施才对主要种植业出口贸易的增长有政策效应，影响系数为 0.3。同时人均农作物播种面积、第 t−1 年农业保险赔付率和农村人力资本都在一定程度上促进了种植业产品出口。政策性农业保险对养殖业产品出口贸易的增长没有政策效应，主要原因在于目前种植业保险大部分采取乡镇干部动员等半强制方式投保，对养殖业保险部分保险公司采取选择性承保的方式进行。而且部分地区对于种植大户可以将农业保险和农业信贷结合起来使用，因此种植业农业保险对种植业产品出口贸易的影响更明显。

5.1.3 平行趋势假设检验

处理组和对照组之间满足平行趋势假设是以上双重差分估计结果没有偏误的重要前提条件，即处理组和对照组在事件发生之前应该有相同的变化趋势，否则双重差分方法会高估或者低估事件发生的效果。为了验证平行趋势假设，本书运用"安慰剂检验"方法。如果平行趋势假设成立，中央财政农业保险保费补贴政策对农产品出口贸易的影响只会发生在政策试点之后，而在政策试点之前，试点省（市、区）与未试点省（市、区）的变动趋势应该不存在显著差异。平行趋势假设检验还可以在一定程度上排除双重差分回归中央财政农业保险保费补贴政策试点的自选择问题。

$$lnagrexp_{i,t} = \alpha + \sum_{j=0}^{m} \beta_{-j} treat_{i,t-j} + \sum_{j=1}^{q} \beta_j treat_{i,t+j} + \gamma Z_{i,t} + \varphi_i + \theta_t + \varepsilon_{it} \quad （5.4）$$

公式（5.4）中，$treat_{i,t-j}$ 是一个虚拟变量，也表示政策的滞后项，β_{-j} 为政策滞后效应，说明的是政策发生之后 j 年政策所产生的效果。如果在 $t-j$ 年受到政策影响，那么 $treat_{i,t-j}$ 为 1，反之为 0。$treat_{i,t+j}$ 是政策的提前项，β_j 为政策的提前效应，说明的是政策发生之前 j 年政策所产生的效果。β_0 为政策当期的效果，β_{-6} 到 β_{-1} 为政策实施之后第 1 期至第 6 期的效果，β_1 到 β_6 为政策实施之前第 1 期至第 6 期的效果。如果平行趋势假设成立，那么政策发生之前应该没有效果，即 β_j 不显著；政策发生之后应该有效果，即 β_{-j} 全部或者部分显著。

从表 5.7 可以看出，控制了所有的其他变量之后，可以看出 β_{-j} 在 5% 的水平上显著，β_j 不显著。说明在中央财政农业保险保费补贴政策实施之前，政策性农业保险对农产品出口贸易没有显著影响，而在政策实施之后才产生显著影响，因此平行趋势假设检验成立。

表 5.7　农产品出口贸易的政策性农业保险效应平行趋势检验

	（1）	（2）
β_{-j}	0.057 (0.053)	0.106★★ (0.050)
β_j	0.025 (0.055)	0.016 (0.052)
控制变量	未控制	控制
是否控制个体固定效应	控制	控制
常数项	13.207★ (0.176)	14.159★★★ (1.695)
Adj-R^2	0.973	0.977

注：　★★★、★★、★分别表示在 1%、5%、10% 水平上显著。

5.1.4　"反事实"检验

为了进一步检验实证结果的稳健性，本书借鉴刘瑞明和赵仁杰（2015）的研究经验进行"反事实"检验。主要是通过改变政策执行时间来进行"反事实"检验。除了政策性农业保险实施的影响，一些其他政策或随机性因素也可能也会产生影响。这样做的目的是为了排除其他干扰农产品出口贸易的政策影响。除了政策性农业保险以外，还有其他一些政策或随机性因素也可能影响各省（市、区）农产品出口贸易，而这种影响可能与政策性农业保险试点的实施没有直接关联，导致前文的实证研究结果不成立，进而最终导致前文的结论不成立。为了排除其他因素的影响，我们假想各省（市、区）开始实施政策农业保险试点的年份统一提前三年或四年，如果在这种情况下政策性农业保险变量的系数显著为正，则说明影响农产品出口贸易的很可能是其他政策或随机性因素，而不是政策性农业保险的实施。如果此时政策性农业保险变量并不显著为正，则说明前文实证结果中农产品出口贸易的增量贡献来自政策性农业保险的实施。

表 5.8　"反事实"检验

解释变量 ＼ 被解释变量	农产品出口额	
	（1）	（2）
政策性农业保险提前三年实施的虚拟变量	−0.016 (0.06)	
政策性农业保险提前四年实施的虚拟变量		0.047 (0.07)
第 $t-1$ 年农业保险赔付率 （ $rate_{t-1}$ ）	0.002 (0.002)	0.001 (0.002)
人均农作物播种面积对数值 （lnavesow）	0.925*** (0.2)	0.796*** (0.209)
农村人力资本对数值 （lnh）	1.138* (0.655)	1.446** (0.644)
人均农村物质资本存量对数值 （lnavek）	0.007 (0.014)	−0.049 (0.072)
是否控制个体固定效应	控制	控制
是否控制时间固定效应	控制	控制
常数项	11.323*** (1.422)	11.382*** (1.731)
Adj-R^2	0.975	0.971

注：***、**、* 分别表示在 1%、5%、10% 水平上显著。

　　如表 5.8 中，第（1）列表示假想提前三年实施政策性农业保险试点的情况，第（2）列表示假想提前四年实施政策性农业保险试点的情况。表 5.8 中实证结果表明，无论是提前三年还是四年，假想的政策性农业保险实施时间均不显著，也就是说按假想提前实施政策性农业保险的情况下，即排除了政策性农业保险这一因素后，并没有其他影响农产品出口贸易的因素使得农产品出口贸易显著增长。这一结果说明农产品出口贸易的增量贡献并非来自其他因素，也就是说农产品出口贸易的增量贡献不是由其他因素导致的，而是政策性农业保险的实施导致了农产品出口贸易的增量贡献，即政策性农业保险的实施真实地推动了农产品出口贸易的增长，进一步验证了前文的结论是正确的。

5.2 中国政策性农业保险对农产品出口种类影响的实证分析

5.2.1 农产品出口扩展边际的测算

本书采用农产品出口扩展边际来衡量农产品出口种类。本书扩展边际的测算方法主要是借鉴 Hummels 和 Klenow（2005）的定义，将扩展边际定义为一国所有出口产品的世界贸易总额占世界所有这些产品出口的比重。如果一国的出口扩展边际增加，则该国出口的产品种类就增加。由于本章是基于省际面板数据的分析，因此扩展边际专门指中国 31 个省（市、区）所有出口农产品的世界贸易总额占世界所有这些产品出口的比重。

$$EM_{jm} = \frac{\sum i \in I_{jm} P_{jm} X_{jm}}{\sum i \in I_{km} P_{km} X_{km}} \qquad (5.5)$$

公式（5.5）中，j 代表中国 31 个省（市、区），k 代表的是参照国，m 代表进口国，i 指的是中国 31 个省（市、区）出口到进口国的某类农产品，I 表示中国 31 个省（市、区）出口到进口国的所有农产品的集合，P 为出口的第 i 类农产品的价格，X 为出口的第 i 类农产品的出口量，则 $P*X$ 即表示出口的第 i 类农产品的出口额。

在本书中参照国代表的是世界，进口国则为世界上进口农产品的所有国家，所涉及的农产品为 HS 分类下前 24 章的所有产品。扩展边际的分母表示的是在中国 31 个省（市、区）出口到世界市场的农产品种类集合中，世界农产品的出口总额；分子表示的是中国 31 个省（市、区）出口到世界市场农产品总额。扩展边际即是世界农产品的出口总额与中国 31 个省（市、区）出口重叠种类的出口额占世界出口总额的比重，该比值越大，则表示中国 31 个省（市、区）出口到世界各国的农产品的种类就越多。表 5.9 是对中国 2006 年至 2016 年中国 31 个省市自治区的农产品出口扩展边际的测算结果，辽宁、山东和广东省农产品出口扩展边际相对较高，基本都稳定在0.8左右，说明这几个省份农产品出口种类较丰富。山西、贵州、西藏、甘肃、青海和宁夏这几省区的农产品出口扩展边际相对较低，表明这些省份农产品出口种类较少。

表 5.9　2006 至 2016 年中国 31 个省市自治区出口扩展边际

	2006	2007	2008	2009	2010	2011	2012	2013	2014	2015	2016
北京	0.82	0.80	0.75	0.71	0.69	0.70	0.70	0.65	0.69	0.65	0.61
天津	0.73	0.73	0.65	0.62	0.67	0.67	0.75	0.74	0.74	0.71	0.64
河北	0.79	0.84	0.73	0.63	0.62	0.60	0.61	0.61	0.64	0.63	0.64
山西	0.35	0.33	0.29	0.30	0.29	0.21	0.25	0.34	0.40	0.44	0.34
内蒙古	0.58	0.66	0.55	0.51	0.55	0.48	0.47	0.55	0.50	0.46	0.48
辽宁	0.90	0.88	0.83	0.87	0.89	0.85	0.83	0.84	0.83	0.90	0.87
吉林	0.78	0.78	0.75	0.75	0.74	0.72	0.79	0.75	0.76	0.74	0.76
北京	0.82	0.80	0.75	0.71	0.70	0.70	0.70	0.69	0.65	0.65	0.61
黑龙江	0.81	0.77	0.71	0.69	0.70	0.67	0.65	0.67	0.62	0.58	0.55
上海	0.78	0.80	0.75	0.74	0.78	0.74	0.61	0.72	0.74	0.82	0.80
江苏	0.74	0.73	0.72	0.67	0.69	0.68	0.73	0.79	0.75	0.75	0.77
浙江	0.74	0.74	0.65	0.68	0.66	0.68	0.52	0.56	0.64	0.68	0.72
安徽	0.66	0.64	0.64	0.66	0.68	0.68	0.66	0.60	0.64	0.65	0.59
福建	0.67	0.67	0.63	0.66	0.66	0.69	0.69	0.73	0.66	0.66	0.70
江西	0.41	0.38	0.36	0.40	0.40	0.35	0.39	0.44	0.36	0.42	0.40
山东	0.89	0.91	0.83	0.81	0.81	0.84	0.82	0.82	0.83	0.82	0.82
河南	0.57	0.62	0.50	0.55	0.53	0.52	0.58	0.56	0.52	0.52	0.54
湖北	0.63	0.60	0.57	0.54	0.56	0.58	0.62	0.63	0.66	0.69	0.67
湖南	0.49	0.39	0.48	0.51	0.51	0.47	0.55	0.53	0.58	0.59	0.70
广东	0.91	0.88	0.83	0.84	0.85	0.86	0.85	0.87	0.89	0.87	0.88
广西	0.58	0.58	0.50	0.48	0.51	0.54	0.53	0.62	0.58	0.56	0.59

续　表

	2006	2007	2008	2009	2010	2011	2012	2013	2014	2015	2016
海南	0.45	0.49	0.36	0.37	0.40	0.34	0.33	0.31	0.29	0.31	0.29
重庆	0.37	0.39	0.32	0.34	0.29	0.25	0.39	0.42	0.30	0.36	0.40
四川	0.60	0.57	0.51	0.52	0.52	0.53	0.58	0.57	0.60	0.56	0.56
贵州	0.31	0.24	0.14	0.15	0.17	0.14	0.16	0.24	0.16	0.19	0.35
云南	0.63	0.62	0.60	0.56	0.58	0.56	0.53	0.57	0.54	0.56	0.55
西藏	0.14	0.14	0.07	0.08	0.07	0.10	0.04	0.04	0.03	0.12	0.07
陕西	0.47	0.42	0.38	0.39	0.35	0.38	0.39	0.41	0.32	0.38	0.46
甘肃	0.33	0.35	0.25	0.25	0.34	0.37	0.30	0.30	0.27	0.29	0.33
青海	0.22	0.17	0.16	0.13	0.12	0.13	0.14	0.11	0.16	0.14	0.19
宁夏	0.21	0.21	0.17	0.19	0.22	0.21	0.20	0.27	0.23	0.18	0.20
新疆	0.55	0.55	0.51	0.51	0.55	0.52	0.46	0.47	0.44	0.44	0.40

数据来源：根据联合国 UNcomtrade 数据库和国研网对外贸易数据库整理得出。

5.2.2 计量模型的构建

本章所要考察的是政策性农业保险对农产品出口扩展边际的影响。我们很难观测到一个省（市、区）在实施了政策性农业保险和未实施政策性农业保险对农产品出口扩展边际的影响差异，如果是根据现有的观测值进行研究，容易出现选择性偏差问题。为了解决这个问题，在实施回归之前根据 Rosenbaum 和 Robin（1983）提出的倾向得分匹配方法来处理。

虽然使用 PSM 方法能够通过控制变量消除其他因素的影响，但仍有可能存在一些未被纳入研究或不容易观测到的因素给政府选择实施政策性农业保险省（市、区）与农产品出口扩展边际造成影响。因此为了进一步消除这些影响，在用 PSM 方法对数据处理后，将使用双重差分方法来估计政府实施政策性农业保险对农产品出口扩展边际的净影响。本书综合谭晶荣等（2016）等人的研究成果，选择影响中国农产品出口扩展边际的因素如下：农业经济规模、农业出口开放度、农业生产率、农业资源和可变贸易成本。重点将政策性农业保险实施的虚拟变量和农业保险赔付率当作政府行为引入模型中，构建政策性农业保险对农产品出口扩展边际影响的双重差分模型，具体如下：

$$EM_{it}=\beta_0+\beta_1 treated_{it}+\beta_2 rate_{it-1}+\beta_3 lnagrgdp_{it}+\beta_4 open_{it}+\beta_5 lnainv_{it}+\beta_6$$
$$lnavesow_{it}+\beta_7 lndistance_{it}+\varphi_i+\theta_t+\mu_{it} \tag{5.6}$$

公式（5.6）中，i 表示省（市、区），取值为 1~31；t 表示年份，取值为 2006 至 2016 年；EM_{it} 表示 i 省（市、区）第 t 年农产品出口的扩展边际。政策性农业保险实施的虚拟变量 $treated_{it}$ 是双重差分统计量，表示 t 年 i 省（市、区）是否受到了政策农业保险的影响，受到政策的影响则该值为 1，否则该值为 0。$rate_{it-1}$ 表示 i 省（市、区）第 $t-1$ 年的农业保险赔付率。$lnagdp_{it}$、$open_{it}$、$lnainv_{it}$、$lnavesow_{it}$ 和 $lndistance_{it}$ 分别表示 i 省（市、区）第 t 年的农业经济规模、农业出口开放度、农业生产率、农业资源和可变贸易成本。φ_i 和 θ_t 分别代表个体固定效应和时间固定效应，μ_{it} 为随机误差项。

5.2.3 变量选取及说明

本书使用的数据包括中国 31 个省（市、区）2006 至 2016 年的面板数据。文中农业保险数据来源于中国保监会公布的《中国保险统计年鉴》，世界农产品贸易数据来源于 UNcomtrade 数据库，中国农产品贸易数据来源于国研网对外贸易数据库，其他数据均来源于国家统计局发布的《中国统计年鉴》《中国农业年鉴》和《中国人口与就业统计年鉴》，计量所用相关货币以人民币为准，美元按当年人民币兑美元汇率中间价折算成人民币。

被解释变量：农产品出口扩展边际（Extensive Margin，简称 EM 指数），运用 2006 至 2016 年世界和中国 31 个省（市、区）层面 HS 4 位编码农产品贸易数据计算所得。

本章借鉴 Chaney（2008）的做法，结合研究的出口产品为农产品以及中国 31 个省（市、区）的出口农产品的特点，对解释变量进行相应调整，最终确定影响中国农产品出口扩展边际的解释变量如下：

关键解释变量：

政策性农业保险实施的虚拟变量，用 treated 表示。该变量由中央财政农业保险保费补贴政策试点来表示。如果某一省（市、区）进入中央财政农业保险保费补贴试点范围，即认为其在当年接受政策处理，其政策处理变量 treated 等于 1，则其他年份该变量为 0。这个变量是应重点关注的变量，预期政策性农业保险实施的虚拟变量的影响待定。

控制变量：

农业保险赔付率（rate），表示农业保险发展水平的重要指标之一，即农业保险赔付额与农业保险保费收入的比例。由于农业保险对农业生产的保障能力发生在赔付之后，从农户获得赔付到恢复生产有所收获，必然有一定的时间间隔，所以使用第 $t-1$ 年的农业保险赔付率来进行估计。

农业经济规模对数值（lnagrgdp），农产品进口需求受农业经济规模的影响，借鉴黄杰等（2018）的做法，本书使用世界农业增加值和中国 31 个省（市、区）的农业增加值的比值来衡量。农业经济规模越大，进口需求越大，农产品出口种类越容易增加，农产品出口的扩展边际越大。

农业出口开放度（open），采用中国 31 个省（市、区）农产品出口额占农林牧渔业总产值。农业开放度有利于农产品出口种类的增加，因此预期农业开放度的影响为正。

农业生产率水平对数值（lnainv），采用中国 31 个省（市、区）新增农林牧渔业总投资来衡量农业生产率水平。每年新增农林牧渔业总投资能较好地反映农业生产要素的改进程度并较好地衡量农业生产率。Meltiz（2003）认为企业生产力水平能提高出口的扩展边际，因此预期农业生产率水平的影响为正。

农业资源（lnavesow），采用中国 31 个省（市、区）人均农作物播种面积来代表农业资源。人均农作物播种面积越大表明农业资源越丰富，越有利于出口种类的增加，因此预期农业资源的影响为正。

可变贸易成本（lndistance），借鉴谭晶荣等（2016）的做法，用各省会或直辖市与上海港的距离来衡量各省（市、区）的出口成本。由于内陆城市与上海港的距离越远，运输成本也相对较高，所以越不利于扩展边际的增长，预期可变贸易成本的影响为负。

有关被解释变量和解释变量的数据说明和描述性统计见表 5.10。

表 5.10 数据说明和描述性统计

变量	指标	均值	标准差	最小值	最大值
农产品出口扩展边际	EM	0.538	0.215	0.028	0.914
政策性农业保险实施的虚拟变量	treated	0.718	0.45	0	1
第 $t-1$ 年农业保险赔付率	$rate_{t-1}$	0.832	3.885	−0.105	72
农业经济规模对数值	lnagrgdp	6.091	1.390	3.356	10.582
农业出口开放度	open	0.059	0.084	0.003	0.565
农业生产率水平对数值	lnainv	13.689	1.591	9.341	16.599
农业资源对数值	lnavesow	−0.599	0.402	−1.366	0.491
可变贸易成本对数值	lndistance	6.953	1.429	0	8.335

5.2.4 实证结果及分析

1. 倾向得分匹配结果

最近邻匹配方法是最常用的一种匹配方法，它把控制组中找到的与处理组个体倾向得分差异最小的个体，作为自己的比较对象。按处理个体找到控制个体，所有处理个体都会配对成功，处理组的信息得以充分利用。选用一对一最近邻匹配方法，由于样本容量并不很大，进行有放回匹配，且允许并列。在匹配过程中，为了验证匹配结果的可靠性，本书对得分匹配的平衡性进行了检验，具体见表 5.11。

表 5.11 倾向得分匹配平衡性检验结果

变量名称		均值		标准偏差（%）	标准偏差减少幅度（%）	T 统计量	t 检验 P>t
		处理组	对照组				
$rate_{t-1}$	匹配前	0.620	1.373	−14.6	89.1	−1.61	0.00
	匹配后	0.642	0.724	−1.6		−1.50	0.81

变量名称		均值		标准偏差	标准偏差减少幅度（%）	T 统计量	t 检验
		处理组	对照组	（%）			P>t
lnagrgdp	匹配前	5.741	6.984	−93.4	89.8	−8.10	0.68
	匹配后	6.348	6.475	−9.5		−0.75	1.60
open	匹配前	0.049	0.086	−40.0	52.8	−3.77	0.33
	匹配后	0.059	0.077	−18.9		−1.50	0.93
lnainv	匹配前	14.286	12.164	170.5	97.7	13.83	1.25
	匹配后	13.121	13.072	4.0		0.36	1.16
lnavesow	匹配前	−0.546	−0.733	47.7	82.1	3.93	1.06
	匹配后	−0.652	−0.685	8.5		0.72	1.58
lndistance	匹配前	6.980	6.885	6.4	26.6	0.55	0.73
	匹配后	7.032	7.101	−4.7		−0.40	1.59

从表 5.10 的检验结果可以看出，匹配后大多数变量的标准化偏差基本都小于 10%，说明本书选取的匹配变量和匹配方法是合理的。另外，ATT 估计值为 0.47，对应的 t 值为 1.76，大于 1.64 的临界值，所以结果在 10% 上显著。一共是 31 个省（市、区）341 个数据，197 个数据匹配成功，数据匹配效果较好。

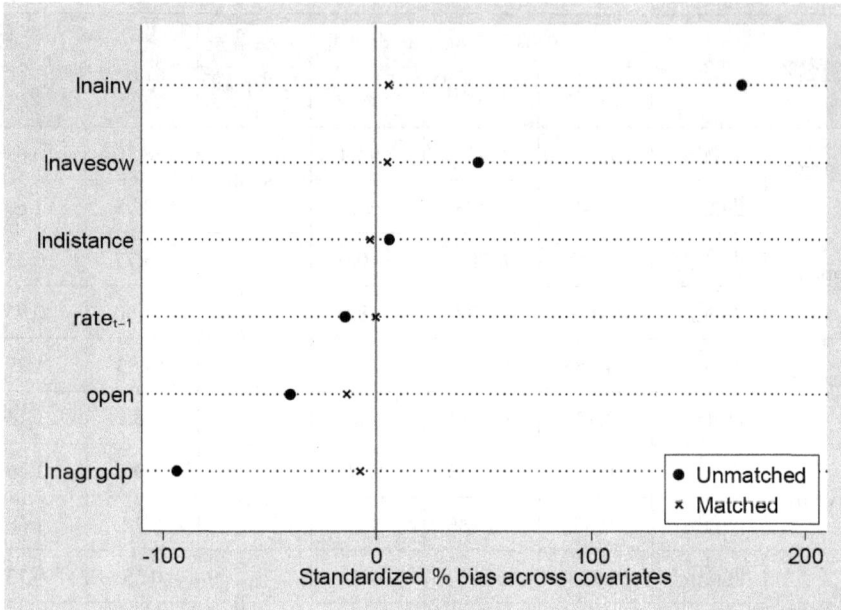

图 5.1　各变量的标准化偏差图示

从图 5.1 的偏差分析散点图可以清晰地看出，所选择变量的标准化偏差在匹配后缩小了，说明倾向得分匹配是有效的。

2. 双重差分估计结果与分析

表 5.12　政策性农业保险对农产品出口扩展边际影响的一般双重差分分析

解释变量 ＼ 被解释变量	农产品出口扩展边际（EM）		
	（1）	（2）	（3）
政策性农业保险实施的虚拟变（treated）	−0.114★★★ （0.037）	0.033 （0.032）	0.074 （0.05）
第 $t-1$ 年农业保险赔付率（$rate_{t-1}$）	0.002 （0.036）		−0.061 （0.054）
农业经济规模对数值（lnagrgdp）	0.151★★★ （0.016）		0.148 （0.141）
农业开放度（open）	0.255 （0.467）		2.078★ （1.065）

续 表

解释变量 ＼ 被解释变量	农产品出口扩展边际（EM）		
	（1）	（2）	（3）
农业生产率水平对数值（lnainv）	0.166★★★ （0.029）		0.228 （1.122）
农业资源对数值（lnavesow）	0.093★ （0.055）		−0.956★★ （0.397）
可变贸易成本对数值（lndistance）	−0.04★★★ （0.047）		0.681 （0.467）
是否控制个体固定效应	不控制	控制	控制
是否控制时间固定效应	不控制	控制	控制
常数项	−2.206★★★ （0.646）	0.836★★★ （0.038）	0.494 （1.295）
$Adj\text{-}R^2$	0.804	0.962	0.966

注：　★★★、★★、★分别表示在 1%、5%、10% 水平上显著。

表 5.12 说明了政策性农业保险补贴政策对农产品贸易竞争力的双重差分的估计量，从回归结果可以看出，其中方程（1）未控制个体固定效应和时间固定效应，但控制了其他变量，发现政策性农业保险的实施对农产品出口扩展边际产生了负向影响。方程（2）控制了个体固定效应和时间固定效应，未控制第 $t-1$ 年农业保险赔付率、农业经济规模、农业出口开放度、农业生产率、农业资源和可变贸易成本这些控制变量，反映出政策性农业保险的实施对农产品出口扩展边际的影响不显著。方程（3）同时控制了个体固定效应、时间固定效应和任何其他控制变量，反映出政策性农业保险的实施对农产品出口扩展边际也不显著。第 $t-1$ 年农业保险赔付率对农产品出口扩展边际的影响也不显著。控制变量中只有农业开放度对农产品出口扩展边际产生了较显著影响。

5.2.5　稳健性检验

1. 倾向得分匹配方法的稳健性检验

为了保证实证结果的稳健性，再采用核匹配和半径匹配方法来估计结果。由于最近邻匹配、核匹配和半径匹配这三种匹配方法均存在不同程度的差异，如果这三种方法得出了相似的结果，说明实证结果是稳健的。

核匹配是构造一个虚拟对象来匹配处理组，构造的原则是对现有的控制变量做权重平均，权重的取值与处理组、控制组 PS 值差距呈反向相关关系。选用核匹配方法，由于样本容量并不很大，进行有放回匹配，且允许并列。在匹配过程中，为了验证匹配结果的可靠性，本书对得分匹配的平衡性进行了检验，具体见表 5.13。

表 5.13　倾向得分匹配平衡性检验结果

变量名称		均值		标准偏差（%）	标准偏差减少幅度（%）	T 统计量	t 检验 P>t
		处理组	对照组				
$rate_{it-1}$	匹配前	0.620	1.373	−14.6	98.2	−1.61	0.00
	匹配后	0.625	0.656	−0.3		−0.24	0.71
lnagrgdp	匹配前	5.741	6.984	−93.4	91.8	−8.1	0.68
	匹配后	6.348	6.450	7.6		−0.61	1.68
open	匹配前	0.049	0.086	−40.0	65.5	−3.77	0.33
	匹配后	0.059	0.072	−13.8		−1.08	0.89
lnainv	匹配前	14.286	12.164	170.5	96.5	13.83	1.25
	匹配后	13.121	13.046	6.0		0.55	1.17
lnavesow	匹配前	−0.546	−0.733	47.7	89.0	3.93	1.06
	匹配后	−0.652	−0.672	5.3		0.41	1.10
lndistance	匹配前	6.980	6.885	6.4	55.5	0.55	0.73
	匹配后	7.032	7.074	−2.9		−0.24	1.56

从表 5.13 的检验结果看出，匹配后大多数变量的标准化偏差基本都小于 10%，说明本书选取的匹配变量和匹配方法是合理的。另外，ATT 估计值为 0.08，对应的 t 值为 1.76，大于 1.64 的临界值，所以结果在 10% 上显著。一共是 31 个省（市、区）341 个数据，197 个数据匹配成功，数据匹配效果较好。

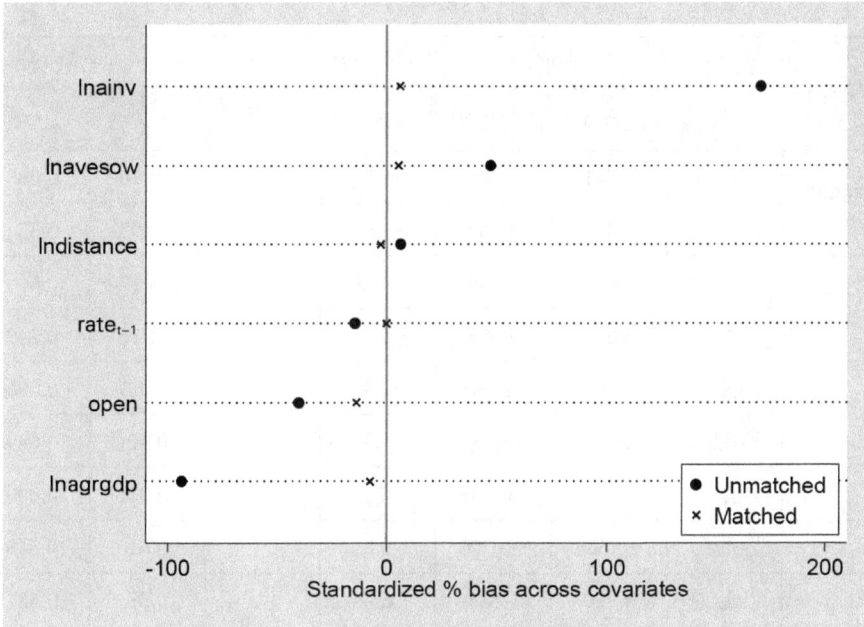

图 5.2　各变量的标准化偏差图示

从图 5.2 的偏差分析散点图可以清晰地看出，所选择变量的标准化偏差在匹配后缩小了，说明倾向得分匹配是有效的。

半径匹配方法是事先设定半径，找到所有设定半径范围内的单位圆中的控制样本，半径取值为正。选用半径匹配方法，由于样本容量并不很大，进行有放回匹配，且允许并列。在匹配过程中，为了验证匹配结果的可靠性，本书对得分匹配的平衡性进行了检验，具体见表 5.14。

表 5-14　倾向得分匹配平衡性检验结果

变量名称		均值		标准偏差（%）	标准偏差减少幅度（%）	T 统计量	t 检验 P>t
		处理组	对照组				
$rate_{t-1}$	匹配前	0.620	1.373	−14.6	98.9	−1.61	0.108
	匹配后	0.661	0.669	−0.2		−0.14	0.888

变量名称		均值		标准偏差（%）	标准偏差减少幅度（%）	T 统计量	t 检验 P>t
		处理组	对照组				
lnagrgdp	匹配前	5.741	6.984	−93.4	85.5	−8.10	0.000
	匹配后	6.382	6.562	−13.5		−0.93	0.354
open	匹配前	0.049	0.086	−40.0	58.7	−3.77	0.000
	匹配后	0.059	0.075	−16.5		−1.16	0.249
lnainv	匹配前	14.286	12.164	0.5	97.1	13.83	0.000
	匹配后	12.993	12.933	4.9		0.40	0.689
lnavesow	匹配前	−0.546	−0.733	47.7	83.2	3.93	0.000
	匹配后	−0.668	−0.700	8.0		0.61	0.545
lndistance	匹配前	6.980	6.885	6.4	−6.8	0.55	0.582
	匹配后	7.019	7.12	−6.8		−0.54	0.590

从表 5.14 的检验结果看出，匹配后大多数变量的标准化偏差基本都小于 10%，说明本书选取的匹配变量和匹配方法是合理的。另外，ATT 估计值为 0.1，对应的 t 值为 1.94，大于 1.64 的临界值，所以结果显著。在总共 341 个观测值中，161 个数据匹配成功。

从图 5.3 的偏差分析散点图可以清晰地看出，所选择变量的标准化偏差在匹配后缩小了，说明倾向得分匹配是有效的。

通过实证研究表明最近邻方法、核匹配和半径匹配方法的实证结果差别不大。

2. 双重差分方法的稳健性检验

使用核匹配和半径匹配方法匹配的数据进行政策性农业保险对农产品出口扩展边际的双重差分估计，从回归结果可以看出与之前使用最近邻匹配方法匹配的数据进行双重差分估计的结果类似。通过控制时间虚拟变量、省际虚拟变量和任何其他控制变量，研究结果发现政策性农业保险仍然对农产品出口扩展边际没有产生显著影响，说明政策性农业保险无法扩大农产品出口种类。

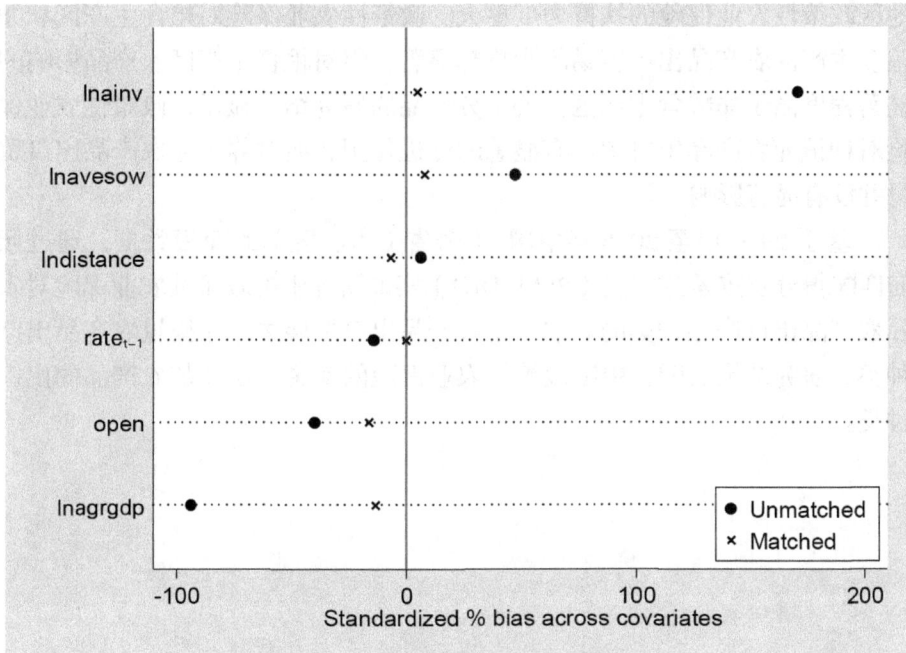

图 5.3　各变量的标准化偏差图示

5.3　本章小结

　　本章采用 2006 至 2016 年中国 31 个省（市、区）的面板数据，利用中央财政农业保险保费补贴政策分地区逐步推进的特征，通过双重差分计量方法实证研究政策性农业保险对农产品出口贸易的影响。通过研究发现，总体上政策性农业保险的实施对农产品出口贸易规模具有促进作用。平行趋势假设检验和"反事实"检验都成立，说明政策性农业保险的实施真实地推动了农产品出口贸易的发展。关于分地区的研究结果显示，政策性农业保险对西部地区的农产品出口贸易额增长的影响较显著，而对东部地区和中部地区的农产品出口贸易额增长的影响并不显著。原因是国家对西部地区政策性农业保险的扶持力度更大。政策性农业保险对粮食主产区和非粮食主产区农产品出口贸易的影响都显著，但对粮食主产区农产品影响的显著程度高于非粮食主产区。关于分产品的研究结果显示，政策性农业保险对种植业农产品出口贸易有显著的促进作用，而对养殖业农产品出口贸易并没有显著影响。

基于 2006 年至 2016 年中国 31 个省（市、区）的面板数据，通过倾向匹配得分双重差分方法（PSM-DID）实证研究中国政策性农业保险对省际农产品出口产品种类的影响，用农产品出口扩展边际来衡量农产品出口种类。研究结果表明，中国政策性农业保险的实施无法增加农产品的出口种类。

第6章

中国政策性农业保险对农产品出口竞争力的影响分析

6.1 中国农产品出口竞争力评估

影响农产品出口竞争力的因素有很多，难以量化和衡量。国际上测算农产品出口竞争力的主要指标有国际市场占有率、净出口指数、贸易竞争力指数、显性比较优势指数和净出口显性比较优势指数。本章根据需要研究的问题，主要讨论贸易竞争力指数、显性比较优势指数和净出口显性比较优势指数。

6.1.1 贸易竞争力指数

贸易竞争力指数（Trade Competitiveness，简称 TC 指数），是指一国农产品进出口贸易的差额占农产品进出口贸易总额的比重，是对农产品出口竞争力进行分析时比较常用的测度指标之一。农产品贸易竞争力指数重点考察农业在净出口方面的实力，既考虑了农产品出口额也考察了农产品进口额对整个农业最终出口竞争力的影响。该指标还有效地剔除了物价变动的影响，可以对不同时期的指数进行纵向比较。

$$TC_{ij} = \frac{X_{ij} - M_{ij}}{X_{ij} + M_{ij}} \tag{6.1}$$

公式（6.1）中，TC_{ij} 表示 i 国或地区 j 种农产品贸易竞争力指数，X_{ij} 为 i 国或地区 j 种农产品出口额，M_{ij} 为 i 国或地区 j 种农产品进口额。

该指标作为相对值，无论进出口的绝对值是多少，均在 -1 和 1 之间。一般取值有以下三种情形：第一，如果该指数为正数，表明农产品的出口大于进口，具有一定程度的出口竞争力。并且该指数越接近于 1，表示该国（地区）的农产品所具有的出口竞争力越大；第二，如果该指数为负数，表明农产品的进口大于出口，说明农产品缺乏出口竞争力。该指数越接近于 -1，表示农产品出口竞争力越薄弱，为 -1 时表示该产业只进口不出口。

如图 6.1 所示，从 2006 年至 2017 年间中国农产品的贸易竞争力指数来看，该指数基本呈下降趋势。2006 年中国农产品的贸易竞争力指数为 -0.01，而 2014 年贸易竞争力指数降为最低值，仅为 -0.27，其余年份该指数也都为负值。说明中国农产品出口额小于进口额，出口竞争力较弱。

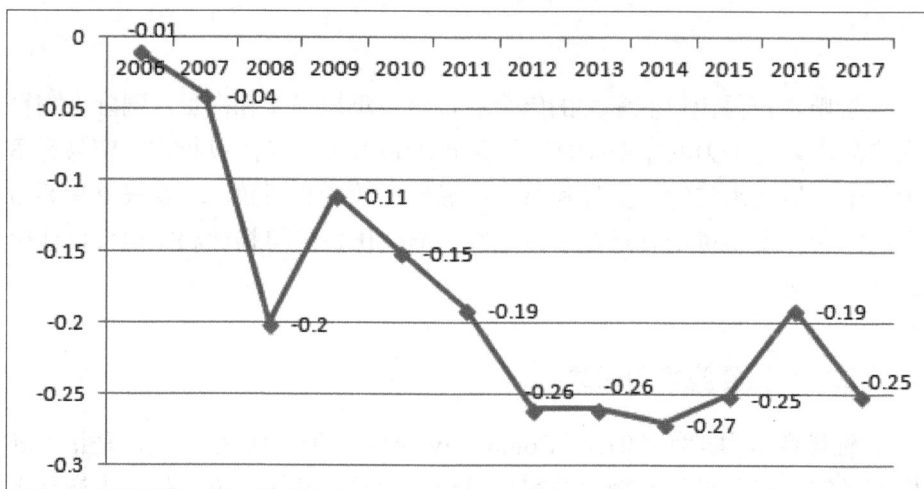

图 6.1　2006 至 2017 年中国农产品贸易竞争力

数据来源：根据 2006 至 2017 年中国商务部《中国农产品进出口月度统计报告》数据整理而得。

如图 6.2 所示，2006 至 2017 年中国水产品的贸易竞争力指数基本围绕在 0.5 左右，说明中国水产品具有较强的出口竞争力。2006 至 2008 年中国谷物类产品贸易竞争力指数大于零，说明这一时期中国谷物类产品还具备一定的出口竞争力。其中 2007 年贸易竞争力指数最大，达到 0.5。2009 年开始谷物类产品贸易竞争力指数下降为负值，并且数值越来越小，2015 年仅为 -0.71，这说明谷物类产品出口竞争力越来越弱。畜禽类产品的贸易竞争力指数从 2006 年的 -0.1 持续下降至 2017 年的 -0.61，说明畜禽类产品的出口竞争力也越来越弱。

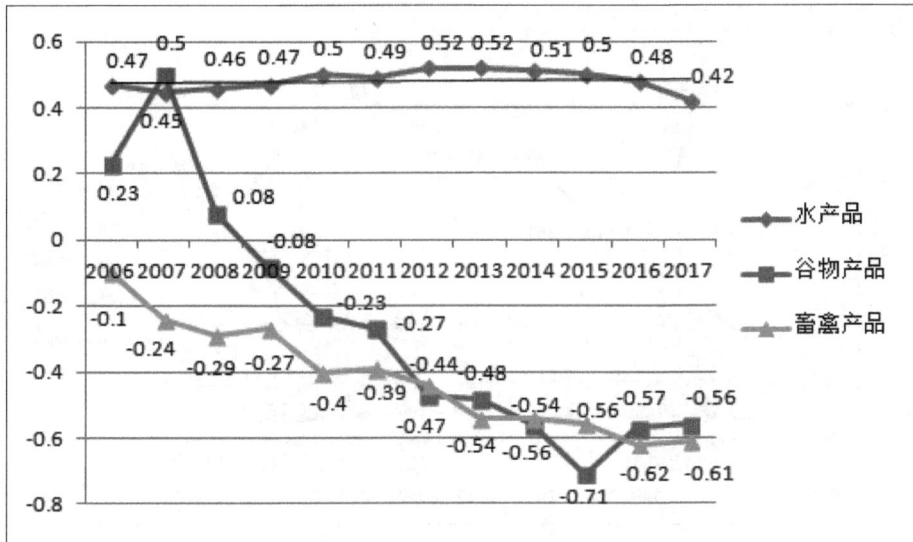

图 6.2　中国重点大类农产品贸易竞争力指数

数据来源：根据 2006 至 2017 年中国商务部《中国农产品进出口月度统计报告》数据整理而得。

6.1.2　显性比较优势指数

1. 显性比较优势指数

显性比较优势指数（RCA，Revealed Comparative Advantage）是指一个国家某种商品出口占其出口总值的份额与世界该类产品占世界出口总值的比重二者之间的比率。RCA 值小于 1，则表示在国际市场上国际竞争力相对较弱，不具有比较优势；RCA 值接近 1，表示无所谓相对优势或劣势可言。一般而言，如果 RCA 指数大于 2.5，表明该国家或地区农产品具有极强的国际竞争力；如果 RCA 指数小于 2.5 而大于 1.25，表明该国家或地区农产品具有较强的国际竞争力；若 RCA 指数小于 0.8，则表明该国家或地区农产品的国际竞争力较弱。

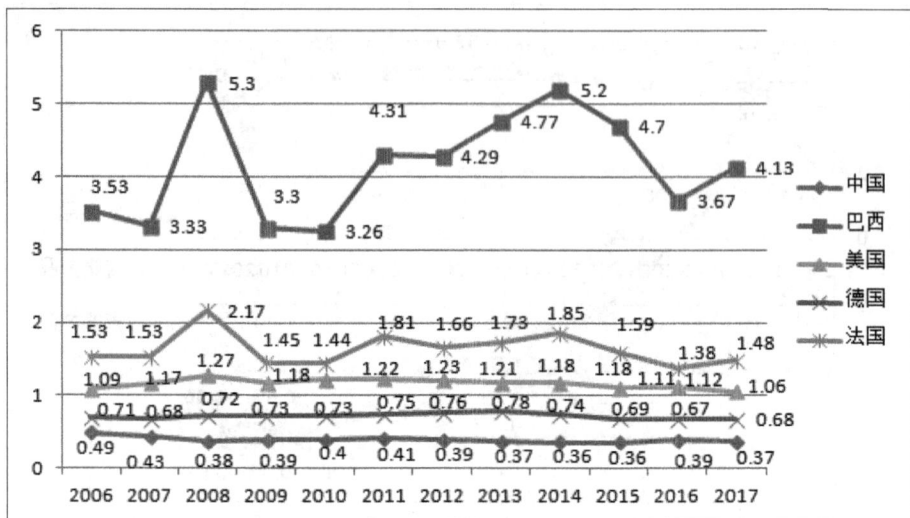

图 6.3 农产品显性比较优势指数的国际比较

数据来源：World Integrated Trade Solution（WITS）数据库。[①]

如图 6.3 所示，将中国与其他几个农产品出口大国的显性比较优势指数相比可以发现，中国的农产品显性比较优势指数低于 0.5，表明农产品在国际市场上出口竞争力较弱。而巴西、法国、美国的显性比较优势指数都大于 1，特别是巴西的显性比较优势均大于 2.5，表明巴西的农产品出口竞争力较强。

2. 区域性显性比较优势指数

由于本书在后续的实证分析时需要研究各省（市、区）的农产品出口竞争力，因此使用区域性显性比较优势指数（RRCA，Regional Revealed Comparative Advantage）来评价，它是指某省（市、区）某种商品出口占其出口总值的份额与本国该类产品出口占该类商品出口总额的份额二者之间的比率。用以下公式表示：

---

① 所采取的农产品的统计口径是海关合作理事会制定的 HS 的前 24 章，即选取的农产品采用 HS 分类标准（商品名称及编码协调制度）的 HS01 章至 HS24 章所有 6 位数编码产品。

$$RRCA_{ij} = \frac{X_{ij}/X_{it}}{X_{cj}+X_{ct}} \qquad (6.2)$$

公式（6.2）中，$RRCA_{ij}$ 表示 i 省（市、区）j 种农产品的显性比较优势指数，X_{ij} 表示 i 省（市、区）j 种农产品的出口额；X_{it} 表示 i 省（市、区）所有产品的出口额；X_{cj} 表示本国 j 种农产品的出口额，X_{ct} 表示本国所有产品的出口额。如果 $RRCA$ 值大于 1，表示该种农产品在某省（市、区）出口中的比重大于在本国的出口比重，则该省（市、区）的此种农产品具有国际竞争力；$RRCA$ 值小于 1，则表示在国际市场上国际竞争力相对较弱，不具有比较优势；$RRCA$ 值接近 1 表示无所谓相对优势或劣势可言。一般而言，如果 $RRCA$ 指数大于 2.5，表明该省（市、区）农产品具有极强的国际竞争力；如果 $RRCA$ 指数小于 2.5 而大于 1.25，表明该省（市、区）农产品具有较强的国际竞争力；若 $RRCA$ 指数小于 0.8，则表明该省（市、区）农产品的国际竞争力较弱。

如表 6.1 所示，显性比较优势指数较高的省（市、区）是内蒙古、辽宁、吉林、黑龙江、福建、山东、广西、海南和云南，显性比较优势指数较低的省（市、区）为北京、天津、山西、上海、江苏、浙江、江西、广东、重庆、四川和青海。

表 6.1 2006 至 2016 年中国各省（市、区）显性比较优势指数

	2006	2007	2008	2009	2010	2011	2012	2013	2014	2015	2016
北京	1.06	1.38	0.82	0.67	0.62	0.70	0.77	0.67	0.58	0.56	0.53
天津	0.63	0.65	0.73	0.84	0.79	0.75	0.69	0.68	0.66	0.66	0.64
河北	2.04	1.84	1.48	1.99	1.76	1.66	1.72	1.72	1.65	1.63	1.43
山西	0.47	0.43	0.37	0.62	0.57	0.56	0.53	0.45	0.41	0.37	0.27
内蒙古	3.41	4.25	2.55	3.15	2.85	2.06	3.44	2.84	2.20	3.69	4.93
辽宁	2.66	2.90	2.83	2.81	2.69	2.73	2.81	2.62	2.98	3.06	3.06
吉林	8.35	7.64	7.90	9.20	7.46	7.51	6.85	5.95	6.83	7.90	7.82
黑龙江	2.42	1.88	1.85	1.90	1.38	1.43	1.89	1.82	1.82	3.48	4.51

续 表

	2006	2007	2008	2009	2010	2011	2012	2013	2014	2015	2016
上海	0.29	0.29	0.27	0.26	0.27	0.26	0.29	0.29	0.30	0.31	0.29
江苏	0.27	0.27	0.30	0.30	0.30	0.28	0.32	0.32	0.35	0.32	0.33
浙江	0.83	0.76	0.77	0.69	0.66	0.66	0.72	0.69	0.64	0.59	0.53
安徽	1.72	1.63	1.61	1.75	1.79	1.58	1.21	1.31	1.25	1.20	1.18
福建	1.82	1.83	1.89	1.97	2.24	2.34	2.63	2.54	2.54	2.51	2.53
江西	1.26	0.97	1.08	1.06	0.62	0.42	0.52	0.56	0.69	0.61	0.57
山东	4.31	4.10	3.81	3.76	3.93	3.86	3.98	3.73	3.57	3.45	3.43
河南	2.21	1.95	1.50	2.11	2.43	1.76	1.16	1.27	1.26	1.27	1.32
湖北	2.03	1.91	1.92	2.21	2.43	2.32	2.02	2.72	2.46	1.99	1.88
湖南	1.91	1.79	1.78	2.32	2.20	2.00	1.92	1.96	1.80	1.78	1.70
广东	0.40	0.37	0.41	0.42	0.40	0.41	0.45	0.42	0.43	0.44	0.44
广西	3.28	3.02	3.80	3.14	3.22	2.94	3.19	2.77	2.79	2.09	2.47
海南	5.84	7.99	10.04	9.47	6.47	7.08	6.54	5.31	4.71	4.66	7.08
重庆	1.09	0.99	1.10	1.13	0.73	0.35	0.22	0.26	0.16	0.19	0.40
四川	2.28	2.17	1.77	1.21	1.17	0.89	0.70	0.54	0.55	0.63	0.66
贵州	1.92	1.65	1.98	3.27	3.11	2.33	2.00	1.28	1.09	1.21	2.93
云南	5.10	4.65	5.71	6.61	5.55	5.88	6.98	5.11	5.06	7.91	11.24
西藏	6.35	5.86	1.62	3.09	2.46	1.15	0.44	0.52	0.47	1.06	3.18
陕西	3.25	5.65	4.85	4.01	2.90	3.11	3.21	2.25	1.32	1.11	0.99
甘肃	3.39	4.62	6.30	9.75	5.47	4.58	3.66	2.38	2.43	2.41	2.46
青海	0.48	0.62	0.58	1.31	1.23	1.65	1.38	1.18	0.64	0.44	0.36
宁夏	0.88	1.08	1.00	1.27	1.89	1.54	1.67	1.39	1.46	1.25	1.46
新疆	1.75	1.73	1.51	2.23	2.12	1.75	1.48	1.25	1.26	1.60	1.41

数据来源：根据2006年至2016年中国商务部《中国农产品进出口月度统计报告》数据整理而得。

6.1.3 净出口显性比较优势指数

净出口显性比较优势指数（Net Export Revealed Comparative Advantage，简称 NERCA）是 Balassa（1989）提出的一个改进的显性比较优势指数，用一个国家某产业的出口比重与进口比重之差来表示，公式如下：

$$NERCA = （E_j / E_t - I_j / I_t）*100 \qquad （6.3）$$

公式（6.3）中，E_j 表示一国 j 商品的出口额，E_t 表示一国出口总额；I_j 表示一国 j 商品的进口额，I_t 表示一国进口总额。净出口显性比较优势指数剔除了产业内贸易或分工的影响，反映了进口和出口两个方面的影响，因此用该指数判断产业国际竞争力要比其他指数更能真实反映进出口情况。该指数值大于 0 表示存在竞争优势，指数值小于 0 表示存在竞争劣势，指数值等于 0 表示贸易自我平衡。该指数值越高，国际竞争力越强；该指数值越低，国际竞争力越弱。

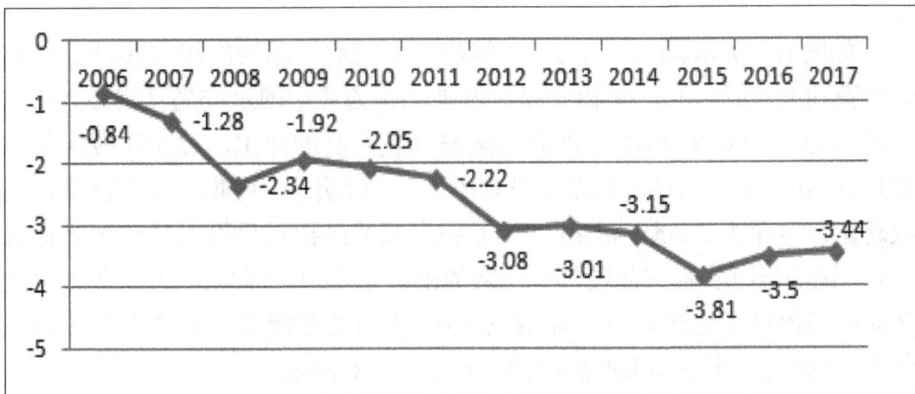

图 6.4　中国农产品净出口显性比较优势指数

数据来源：根据 2006 至 2017 年中国商务部《中国农产品进出口月度统计报告》数据整理得出。

由图 6.4 所示，2006 至 2016 年期间中国净出口显性比较优势指数均为负值，并且整体上呈下降的趋势。

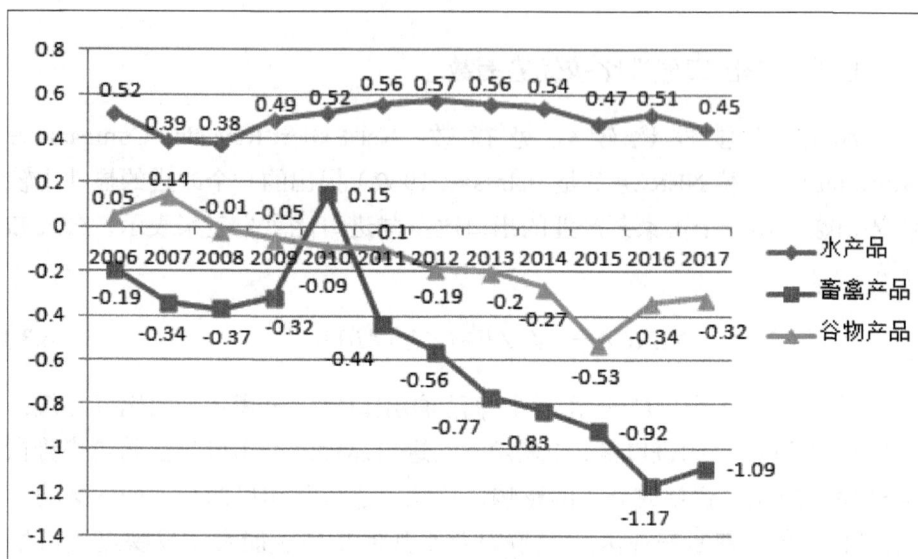

图 6.5　中国农产品大类净出口显性比较优势指数

数据来源：根据 2006 至 2017 年中国商务部《中国农产品进出口月度统计报告》数据整理得出。

　　如图 6.5 所示，2006 至 2017 年期间中国水产品的净出口显性比较优势指数均大于 0，在 0.38 和 0.57 之间波动，说明中国水产品具有较大的出口竞争力。2006 至 2017 年期间中国畜禽类产品的净出口显性比较优势指数只有 2010 年是 0.15，其余年份都小于 0，说明这一时期中国畜禽类产品缺乏出口竞争力。2006 和 2007 年谷物产品的净出口显性比较优势指数大于 0，说明当时谷物产品还具有一定的出口竞争力。但是从 2008 年谷物类产品的净出口显性比较指数开始小于 0，并且逐渐降低。2015 年为最低，仅为 -0.53。说明谷物类产品的出口竞争力越来越弱。

6.2 中国政策性农业保险对农产品出口竞争力影响的实证分析

本章运用 PSM–DID 方法考察中国政策性农业保险对农产品出口竞争力的影响问题。

6.2.1 计量模型的构建

本章所要考察的是政策性农业保险对农产品出口竞争力的影响。我们很难观测到一个省（市、区）在实施了政策性农业保险和未实施政策性农业保险对农产品出口竞争力的影响差异，如果是根据现有的观测值进行研究，容易出现选择性偏差问题。为了解决这个问题，在实施回归之前根据 Rosenbaum 和 Robin（1983）提出的倾向得分匹配方法来处理。

虽然使用 PSM 方法能够通过控制变量消除其他因素的影响，但仍有可能存在一些未被纳入研究或不容易观测到的因素会对政府选择实施政策性农业保险的省（市、区）与农产品出口竞争力造成影响。为了进一步消除这些影响，用 PSM 方法对数据处理后，使用双重差分方法来估计政府实施政策性农业保险对农产品出口竞争力的净影响。本文综合赵美玲和王述英（2005）、黄祖辉等人（2010）、李建萍和乔翠霞（2018）等人的研究成果，选择影响一国农业出口竞争力的因素如下：人均农作物播种面积、农村人力资本、最终消费率、农业机械化、化肥施用量、公路里程具体变量带入模型中，重点将政策性农业保险实施的虚拟变量和农业保险赔付率当作政府行为引入到模型中，分别运用两个竞争力指标作为被解释变量来构建政策性农业保险的农产品出口竞争力政策效应的双重差分模型，具体如下：

$$tradecom_{it} = \alpha_0 + \alpha_1 treated_{it} + \alpha_2 rate_{it-1} + \alpha_3 lnavesow_{it} + \alpha_4 lnh_{it} + \alpha_5 consrate_{it}$$

$$+\alpha_6 lnmech_{it}+\alpha_7 lnfer_{it}+\alpha_8 lnroad_{it}+\varphi_i+\theta_t+\mu_{it} \qquad (6.4)$$

$$nerca_{it}=\beta_0+\beta_1 treated_{it}+\beta_2 rate_{it-1}+\beta_3 lnavesow_{it}+\beta_4 lnh_{it}+\beta_5 consrate_{it}+\beta_6$$
$$lnmech_{it}+\beta_7 lnfer_{it}+\beta_8 lnroad_{it}+\varphi_i+\theta_t+\mu_{it} \qquad (6.5)$$

公式（6.4）和（6.5）中，i 表示省（市、区），取值为 1~31；t 表示年份，取值为 2006 至 2016 年；$tradecom_{it}$ 表示 i 省（市、区）第 t 年农产品贸易竞争力指数，$nerca_{it}$ 表示 i 省（市、区）第 t 年农产品净出口显性比较优势指数。政策性农业保险实施的虚拟变量是双重差分统计量，表示 t 年 i 省（市、区）是否受到了政策性农业保险的影响，受到政策的影响则该值为 1，否则该值为 0。

$rate_{it-1}$ 表示 i 省（市、区）第 $t-1$ 年的农业保险赔付率。$lnavesow_{it}$、lnh_{it}、$consrate_{it}$、$lnmech_{it}$、$lnfer_{it}$ 和 $lnroad_{it}$ 分别表示 i 省（市、区）第 t 年的人均农作物播种面积对数值、农村人力资本对数值、最终消费率、农业机械化对数值、化肥施用量对数值和公路里程数对数值。φ_i 和 θ_t 分别代表个体固定效应和时间固定效应，μ_{it} 为随机误差项。

6.2.2 变量选取与说明

本书使用的数据包括中国 31 个省（市、区）2006 至 2016 年的面板数据。文中的农业保险数据来源于中国保监会公布的《中国保险统计年鉴》，农产品贸易数据来源于商务部公布的《中国农产品出口月度统计报告》，其他数据均来源于国家统计局发布的《中国统计年鉴》《中国农业年鉴》和《中国人口与就业统计年鉴》，计量所用相关货币以人民币为准，美元按当年人民币兑美元汇率中间价折算成人民币。

被解释变量：农产品贸易竞争力指数，用 tradecom 表示，是指一国农产品进出口贸易的差额占农产品进出口贸易总额的比重，是分析农产品出口竞争力时比较常用的测度指标之一。

农产品净出口显性比较优势指数，用 nerca 表示，是指一国农业的出口比重与进口比重之差。本节用该指标代表农产品出口竞争力，具体评估各因素特别是政策性农业保险的实施对农产品出口竞争力的效应。

关键解释变量：政策性农业保险实施的虚拟变量，用 treated 表示。该变量由中央财政农业保险保费补贴政策试点来表示。如果某一省（市、区）进入中央财政农业保险保费补贴试点范围，即认为其在当年接受政策处理，其政策处理变量 treated 等于 1，则其他年份该变量为 0。这个变量属于"钻石模型"的政府政策因素，也是重点关注的变量。

其他解释变量：

农业保险赔付率，用 rate 来表示，这是农业保险发展水平的重要指标之一，即农业保险赔付额与农业保险保费收入的比例。由于农业保险对农业生产的保障能力发生在赔付之后，从农户获得赔付到恢复生产有所收获，必然有一定的时间间隔，所以使用第 $t-1$ 年的农业保险赔付率来进行估计。

人均农作物播种面积对数值，用 lnavesow 表示。人均农作物播种面积等于农作物总播种面积除以第一产业就业人员。该指标代表该模型中生产要素中的初级要素。

农村人力资本对数值，用 lnh 来表示。本书采取的是已被广泛认可人均受教育程度来衡量农村人力资本。具体测算方法参见 4.3.2。该指标代表该模型中生产要素中的高级要素。

最终消费率，用 consrate 来表示，该指标代表国内需求条件。由于居民消费水平与需求之间有着长期稳定的均衡关系，因此在本书中选用该指标来代表各省（市、区）居民的需求水平。

农业机械化总动力对数值，用 lnmech 表示。现代社会的生产工具主要是机械，农业机械化总动力可以反映该地区的农业技术进步程度。而农业机械化程度数值越大，表明农业技术程度越高。该指标代表该模型中生产要素中的高级要素。

化肥施用量对数值，用 lnfer 表示，用该指标代表农户规模。一般来说，化肥施用量越多，农户规模相对就越大。

公路里程的对数值，用 lnroad 表示。本书选用该指标代表农业的相关产业。

有关被解释变量和解释变量的数据说明和描述性统计见表 6.2。

表 6.2　数据说明和描述性统计

变量	指标	均值	标准差	最小值	最大值
贸易竞争力指数	tradecom	0.186	0.525	−0.885	1
农产品净出口显性比较优势指数	nerca	0.825	8.064	−21.458	31.452
政策性农业保险实施的虚拟变量	treated	0.718	0.450	0	1
第 $t-1$ 年农业保险赔付率	$rate_{t-1}$	0.832	3.885	−0.105	72
人均农作物播种面积对数值	lnavesow	−0.599	0.402	−1.366	0.491
农村人力资本对数值	lnh	1.981	0.135	1.340	2.243
最终消费率	consrate	50.310	7.978	36.100	79.900
农业机械化对数值	lnmech	6.340	3.433	2.201	24.627
化肥施用量对数值	lnfer	4.716	1.205	1.482	6.574
公路里程对数值	lnroad	2.331	0.846	0.039	3.478

6.2.3 实证结果与分析

1. 倾向得分匹配结果

本书选用非替代性的一对一最近邻匹配方法，在匹配过程中，为了验证匹配结果的可靠性，本书对得分匹配的平衡性进行了检验。从表 6.3 的检验结果看出，匹配后大多数变量的标准化偏差都小于 10%，说明本书选取的匹配变量和匹配方法是合理的。

另外，ATT 估计值为 0.215，对应的 t 值为 1.85，在 10% 的水平上显著。在总共 341 个观测值中，控制组（untreated）共有 3 个不在共同取值范围中（off support），处理组（treated）共有 21 个不在共同取值范围中（off support)，其余 317 个观测值均在共同取值范围中（on support）。

从图 6.6 可以直观地看出，所选择变量的标准化偏差在匹配后缩小了，说明倾向得分匹配是有效的。

表 6.3　倾向得分匹配平衡性检验结果

变量名称		均值		标准偏差	标准偏差减少幅度（%）	T 统计量	t 检验
		处理组	对照组	（%）			P>t
$rate_{t-1}$	匹配前	0.620	1.373	−14.6	84.3	−1.61	0.108
	匹配后	0.625	0.507	−2.3		3.81	0.000
lnavesow	匹配前	−0.546	0.733	47.7	83.1	3.93	0.000
	匹配后	−0.603	0.635	8.1		0.99	0.321
lnh	匹配前	1.994	1.949	32.0	96.5	2.79	0.006
	匹配后	1.988	1.989	−1.1		−0.14	0.885
consrate	匹配前	49.465	52.475	−37.3	84.2	−3.18	0.002
	匹配后	49.670	49.193	5.9		0.69	0.488
lnmech	匹配前	5.443	4.728	67.3	98.6	5.69	0.000
	匹配后	5.370	5.380	−1.0		−0.11	0.914
lnfer	匹配前	4.902	4.239	55.0	95.5	4.71	0.000
	匹配后	4.849	4.819	2.5		0.29	0.774
lnroad	匹配前	2.474	1.966	59.1	95.2	5.18	0.000
	匹配后	4.441	2.417	2.8		0.36	0.721

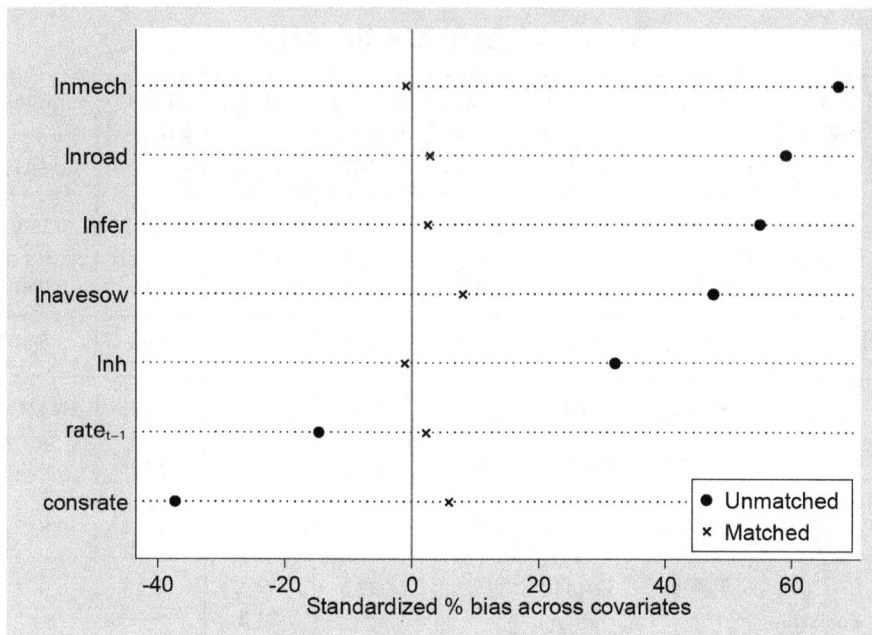

图 6.6　各变量的标准化偏差图示

2. 双重差分估计结果与分析

表 6.4　政策性农业保险对农产品贸易竞争力指数影响的双重差分分析

被解释变量 解释变量	农产品贸易竞争力指数（tradecom）		
	（1）	（2）	（3）
政策性农业保险实施的虚拟变量 （treated）	−0.197 （0.152）	−0.082 （0.071）	−0.020 （0.070）
第 $t-1$ 年农业保险赔付率 （rate$_{t-1}$）	0.047★ （0.152）		0.028 （0.071）
人均农作物播种面积对数值 （lnavesow）	0.065 （0.187）		0.303 （0.391）
农村人力资本对数值（lnh）	−1.431★★ （0.711）		0.391 （0.842）
最终消费率（consrate）	0.007 （0.007）		0.002 （0.010）
农业机械化对数值（lnmech）	0.171 （0.184）		0.179★ （0.264）

续 表

被解释变量 解释变量	农产品贸易竞争力指数（tradecom）		
	（1）	（2）	（3）
化肥施用量对数值（lnfer）	−0.039 （0.153）		−0.869★★ （0.477）
公路里程对数值（lnroad）	0.018 （0.215）		1.057 （0.563）
是否控制个体固定效应	不控制	控制	控制
是否控制时间固定效应	不控制	控制	控制
常数项	2.132 （1.539）	−0.541 （0.081）	0.847 （1.536）
Adj-R^2	0.382	0.932	0.973

注：★★★、★★、★分别表示在 1%、5%、10% 水平上显著。

　　表 6.4 说明了政策性农业保险补贴政策对农产品贸易竞争力的双重差分的估计量，从回归结果可以看出，其中方程（1）栏未控制个体固定效应和时间固定效应，但控制了第 $t-1$ 年农业保险赔付额、人均农作物播种面积对数值、农村人力资本对数值、最终消费率、农业机械化的对数值、化肥施用量的对数值和公路里程数对数值这些控制变量，发现政策性农业保险的实施对农产品贸易竞争力指数的影响并不显著。方程（2）栏控制个体固定效应和时间固定效应，未控制其他控制变量，反映出政策性农业保险的实施对农产品贸易竞争力指数也不显著。方程（3）栏同时控制了个体固定效应、时间固定效应和任何其他控制变量，发现政策性农业保险仍然对农产品贸易竞争力指数没有产生显著影响，说明政策性农业保险无法提升农产品贸易竞争力。其他的控制变量中，只有农业机械化水平有利于提升农产品贸易竞争力。

　　表 6.5 说明了政策性农业保险补贴政策对农产品贸易竞争力的双重差分的估计量，从回归结果可以看出，其中方程（1）栏未控制时间固定效应和个体固定效应，控制了省际虚拟变量和第 $t-1$ 年农业保险赔付额、人均农作物播种面积对数值、农村人力资本对数值、最终消费率、农业机械化的对数值、化肥施用量的对数值和公路里程数对数值这些控制变量，

表 6.5　政策性农业保险对农产品净出口显性比较优势影响的双重差分分析

被解释变量解 释变量	净出口显性比较优势指数（nerca）		
	（1）	（2）	（3）
政策性农业保险实施的虚拟变量 （treated）	−0.752 （2.208）	0.655 （3.416）	3.650 （3.589）
第 $t-1$ 年农业保险赔付率 （$rate_{t-1}$）	1.535 （2.461）		−0.528 （2.689）
人均农作物播种面积对数值 （lnavesow）	1.620 （4.018）		29.649* （17.157）
农村人力资本对数值（lnh）	−14.391 （12.869）		18.870 （39.561）
最终消费率（consrate）	−0.131 （0.162）		0.324 （0.419）
农业机械化对数值（lnmech）	−2.785 （2.830）		−1.663 （15.358）
化肥施用量对数值（lnfer）	3.461 （2.969）		−28.672 （21.861）
公路里程对数值（lnroad）	1.523 （3.954）		25.064 （22.24）
是否控制时间固定效应	不控制	控制	控制
是否控制个体固定效应	不控制	控制	控制
常数项	25.690 （33.376）	−0.146 （2.638）	39.128 （78.289）
Adj-R^2	0.070	0.895	0.919

注：***、**、* 分别表示在1%、5%、10%水平上显著。

发现政策性农业保险的实施对农产品贸易竞争力指数的影响并不显著。方程（2）栏控制了时间固定效应和个体固定效应，反映出政策性农业保险的实施对农产品贸易竞争力指数的影响也不显著。方程（3）栏同时控制了个体固定效应、时间固定效应和任何其他控制变量，发现政策性农业保险仍然对农产品贸易竞争力指数没有产生显著影响，说明政策性农业保险无法提升农产品贸易竞争力。其他的控制变量中，只有人均农作物播种面积有利于提升农产品贸易竞争力。

　　因此本书选取的农产品贸易竞争力指数和农产品净出口显性比较优势指数这两个指标中，除了重点考察出口量，其中还含有进口量，由于中国农产品进口增长率大于出口增长率，因此政策性农业保险对农产品出口竞争力没有起到明显的提升作用。

6.2.4　稳健性检验

1. 倾向得分匹配方法的稳健性检验

半径匹配方法是事先设定半径，找到所有设定半径范围内的单位圆中的控制样本，半径取值为正。选用半径匹配方法，由于样本容量并不很大，进行有放回匹配，且允许并列。在匹配过程中，为了验证匹配结果的可靠性，本书对得分匹配的平衡性进行了检验，具体见表 6.6。

表 6.6　倾向得分匹配平衡性检验结果

变量名称		均值		标准偏差（%）	标准偏差减少幅度（%）	T 统计量	t 检验 P>t
		处理组	对照组				
rate$_{t-1}$	匹配前	0.620	1.373	−14.6	87.2	−1.61	0.108
	匹配后	0.632	0.535	1.9		2.73	0.000
lnavesow	匹配前	−0.546	−0.733	47.7	85.4	3.93	0.000
	匹配后	−0.594	−0.621	6.9		0.75	0.452
lnh	匹配前	1.994	1.949	32.0	99.8	2.79	0.006
	匹配后	1.991	1.991	0.1		0.01	0.994
consrate	匹配前	49.462	52.475	−37.3	96.0	−3.18	0.002
	匹配后	49.670	49.261	1.5		0.16	0.871
lnmech	匹配前	5.443	4.728	67.3	97.2	5.69	0.000
	匹配后	5.378	5.358	1.9		0.20	0.844
lnfer	匹配前	4.902	4.239	55.0	86.7	4.71	0.000
	匹配后	4.868	4.779	7.3		0.79	0.431
lnroad	匹配前	2.474	1.966	59.1	89.2	5.18	0.000
	匹配后	2.440	2.385	6.4		0.73	0.464

从表 6.6 的检验结果看出，匹配后大多数变量的标准化偏差基本都小于 10%，说明本书选取的匹配变量和匹配方法是合理的。另外，ATT 估计值为 −0.243，对应的 t 值为 2.33，大于 1.96 的临界值，所以结果显著。在总共 341 个观测值中，控制组（untreated）共有 11 个不在共同取值范围中（off support），处理组（treated）共有 52 个不在共同取值范围中 (off support)，其余 278 个观测值均在共同取值范围中 (on support)。一共是 31 个省（市、区）341 个数据，278 个数据匹配成功，匹配率为 81.52%，数据匹配效果较好。

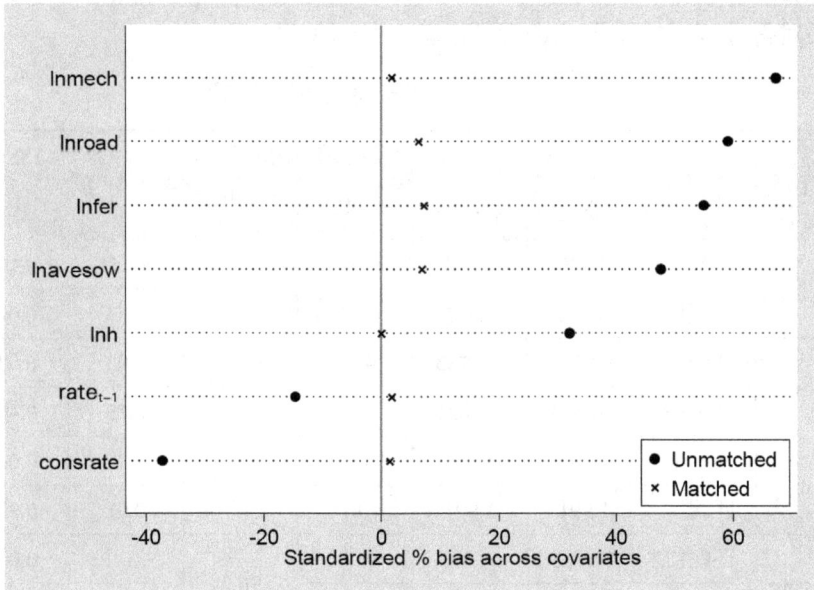

图 6.7　各变量的标准化偏差图示

从图 6.7 的偏差分析散点图可以清晰地看出，所选择变量的标准化偏差在匹配后缩小了，说明倾向得分匹配是有效的。

实证研究表明，最近邻匹配和半径匹配方法的实证结果差别不大。

2. 双重差分方法的稳健性检验

使用半径匹配方法匹配的数据，就政策性农业保险补贴政策对农产品贸易竞争力指数进行双重差分估计，从回归结果可以看出，控制了个体固定效应、时间固定效应和任何其他控制变量，发现政策性农业保险仍然对农产品贸易竞争力指数没有产生显著影响，说明政策性农业保险无法提升农产品贸易竞争力。使用半径匹配方法匹配的数据进行政策性农业保险补贴政策对净出口显性比较优势指数的双重差分估计量，从回归结果可以看出，同时控制了个体固定效应、时间固定效应和任何其他控制变量，仍发现政策性农业保险对净出口显性比较优势指数没有产生显著影响，说明政策性农业保险无法提升农产品贸易竞争力。

总之，虽然中国农产品出口规模不断增加，但因国内市场需求旺盛，农产品进口规模增长更快，而贸易竞争力指数和净出口显性比较优势指数均考虑的是双向贸易因素，因而实证结果会出现影响不显著的结论。

6.3 本章小结

本章主要运用贸易竞争力指数、显性比较优势指数和净出口显性比较优势指数来评估中国农产品出口竞争力。从贸易竞争力指数来看，近10年该指数都为负值，并且数值越来越小，说明中国农产品贸易竞争力整体上呈下降趋势。近十年中国水产品的贸易竞争力指数基本围绕在0.5左右，说明中国水产品具有较大的出口竞争力。中国谷物类产品贸易竞争力指数和畜禽类产品的贸易竞争力指数数值越来越小，说明这两类农产品出口竞争力越来越弱。从显性比较优势指数来看，将中国与其他几个农产品出口大国的显性比较优势指数相比较可以发现，中国的农产品显性比较优势指数低于0.5，表明农产品在国际市场上出口竞争力较弱。当使用的是中国省际数据时，可以考察中国区域性显性比较优势指数，该指数较高的省（市、区）是内蒙古、辽宁、吉林、黑龙江、福建、山东和云南等。从净出口显性比较优势指数来看，近十年期间中国净出口显性比较优势指数的数值均为负值，并且整体上呈下降的趋势。近10年，中国水产品的净出口显性比较优势指数均大于0，说明中国水产品具有较大的出口竞争力；中国畜禽类产品缺乏出口竞争力；谷物类产品的出口竞争力越来越弱。

本书采用 2006 至 2016 年中国 31 个省（市、区）的面板数据，利用中央财政农业保险保费补贴试点分地区逐步推进的特征，通过双重差分计量方法估计政策性农业保险对农产品贸易竞争力的影响。研究结果显示政策性农业保险对中国农产品贸易竞争力指数和净出口显性比较优势指数都没有显著影响，因此表明现阶段政策性农业保险无法提升中国农产品出口竞争力。本书选取的农产品贸易竞争力指数和净出口显性比较优势指数这两个指标中，除了重点考察出口量，还含有进口量，由于中国农产品进口增长率大于出口增长率，因此对农产品出口竞争力没有起到明显的提升作用。

第7章

结论与建议

7.1 主要结论

从影响机理来看，政策性农业保险是一项支农惠农的政策，能提高农业生产。一是通过分散农业风险，增加获得农业保险保费补贴的农产品的产量。二是通过改变农民生产决策，提高农产品的产量。政策性农业保险的保费补贴属于生产补贴的范畴，有利于促进农产品出口贸易的增长。

基于 2006 至 2016 年中国 31 个省（市、区）的面板数据，采用倾向匹配得分双重差分方法（PSM-DID），可以对政策性农业保险给农业生产带来的影响进行实证研究。研究结果表明政策性农业保险对人均农林牧渔业增加值的增长具有显著的正向影响。政策性农业保险能促进农林牧渔业增加值的增长与农业供给侧结构性改革目标是一致的。基于动态面板模型来初步验证政策性农业保险对中国农产品出口的影响。实证结果表明政策性农业保险的实施整体上对农产品出口贸易产生了积极影响。基于扩展的引力模型来初步验证政策性农业保险对我国农产品出口贸易的影响。实证结果表明政策性农业保险整体上对农产品出口贸易产生了积极影响。

为了进一步考察政策性农业保险对农产品出口贸易的影响，基于 2006 至 2016 年中国 31 个省（市、区）的面板数据，本书通过双重差分方法实证研究了中国政策性农业保险对省际农产品出口贸易的影响。通过研究发现，政策性农业保险总体上对农产品出口贸易规模具有促进作用。平行趋势假设检验和"反事实"检验都成立，说明政策性农业保险的实施真实地推动了农产品出口贸易的发展。关于分地区的研究结果显示，政策性农业保险对西部地区的农产品出口贸易额增长的影响较显著，而对东部地区和中部地区的农产品出口贸易的影响并不显著，主要原因是国家中央财政对西部地区的保险保费补贴力度更大。政策性农业保险对粮食主产区农产品影响的显著程度高于非粮食主产区，原因是国家对粮食主产区农业的支持力度较大。关于分产品的研究结果显示，政策性农业保险对种植业农产品出口贸易促进作用明显，而对养殖业农产品出口贸易影响不显著。

通过之前的实证分析表明政策性农业保险整体上促进了农产品出口规模的增长，有必要继续验证政策性农业保险对农产品出口竞争力的影响问题。采用 2006 至 2016 年中国 31 个省（市、区）的面板数据，通过倾向匹配得分双重差分计量方法（PSM–DID）评估政策性农业保险对农产品出口竞争力的影响。研究结果显示，政策性农业保险对中国农产品贸易竞争力指数和净出口显性比较优势指数都没有显著影响，因此表明现阶段政策性农业保险无法提升中国农产品出口竞争力。因为本书选取的农产品贸易竞争力指数和净出口显性比较优势指数这两个指标中，除了重点考察出口量，还含有进口量，而中国农产品进口增长率大于出口增长率，因此对农产品出口竞争力没有起到明显的提升作用。

综上所述，政策性农业保险与人均农林牧渔业的增加值存在正相关关系。无论是基于动态面板模型还是双重差分模型，实证结果都表明政策性农业保险的实施与农产品出口额存在着正相关关系。但是政策性农业保险的实施没有扩大农产品出口种类，对农产品出口竞争力指数，包括净出口显性比较优势指数均没有显著影响。由此证明，目前中国政策性农业保险对农产品出口竞争力没有明显的提升作用。从政策性农业保险可以提升农林牧渔业增加值来看，如果继续加大对政策性农业保险的支持力度，长期内一定能提升出口竞争力。原因是农业增加值的提高，实际上是降低生产成本和提高农业生产效率的结果。

7.2 国际经验借鉴

在目前的世界贸易组织规则下，农业保险是国际上重要的非价格农业保护工具，是农业发展的重要支持手段。目前，全球已有 100 多个国家开展了农业保险补贴项目，特别是美国、日本和欧盟等发达国家或地区在农业保险促进农产品贸易方面做得更加完善。

7.2.1 美国经验

美国目前执行的《2014 年农业法案》中特别提出,政府对农民收入和农产品价格实施保护,并强化农业风险预警。美国已经将农业保险补贴写入了相关法律,充分说明农业保险在美国已经成为最主要的农业补贴项目。美国由于实施了农业保险保费补贴,提高了其农产品在国际市场的价格优势。美国农业保险具有如下特性:

1. 收入保险是美国最主要的农业保险产品

美国的农业保险品种多样化,保障性较强。其农业保险产品的种类有产量保险、价格保险、收入保险等。美国的农业保险品种多样,有产量保险、价格保险、收入保险等,而且分为巨灾保险和附加保险两大类。巨灾保险属于强制性保险,从事农作物种植的经营主体必须购买,才能享受联邦政府的相关农业支持政策。附加保险属于自愿性保险,其中收入保险最受农户青睐。

2. 坚持政府支持和市场化运作相结合

美国农业保险经历了纯粹私营和国营的失败之后,于 20 世纪 90 年代形成了现行的公私结合的运营形式。联邦农作物保险计划由政府负责统筹管理,负责制订相关条款,提供保费补贴和承担再保险职能;农业保险公司负责实施、销售和维护农业保险业务;经营主体自愿参保。美国农业保险制度的完善,不仅得益于美国政府的统筹管理和大力支持,还依赖于成熟的市场化运作模式。

3. 财政补贴是美国农业保险的支持方式

美国对农业保险提供补贴有三种方式,包括为农民提供保费补贴、为保险公司提供业务补贴、为保险公司提供再保险支持和给予运营性亏损补偿。美国平均保费补贴率约为 65%,保费补贴资金由各级政府按比例承担。美国农业部风险管理局对授权经营的商业保险公司的经营管理给予业务补贴,并根据公司承担的农业保险金额确定补贴标准。美国政府通过与商业保险公司建立风险分担机制,激发了保险公司开展农业保险业务的积极性。

4. 充分利用规则是美国农业保险的通报方式

由于世界贸易组织现行规则只是对"绿箱"保险补贴的条件进行了粗

略界定，并没有详细阐明如何区别"特定产品补贴"和"非特定产品补贴"。美国充分运用规则，停止农业保险补贴以"基于非特定产品支持"的通报，规避"黄箱"补贴上限约束。近年来，美国进一步规范对"黄箱"保险补贴的通报方式。2012年后把农业保险中一切分种类计算的保费补贴依照"基于特定产品支持"的"黄箱"补贴停止全额通报，把不分种类计算的农场总收入保险的保费补贴按"基于非特定产品支持"的"黄箱"补贴停止全额通报。

7.2.2 日本经验

日本的农业生产主体是分散的个体农户，农户经营规模较小，容易受自然灾害影响。日本无论在农业历史上，还是自然环境方面，都与中国的农业状况有很多相似的地方，其农业保险制度也有许多值得我们学习和借鉴的成功之处。

1. 完善农业保险制度

日本政府较早制定了《牲畜保险法》（1929年）和《农业保险法》（1938年），并于1947年和1952年先后颁布了《农业灾害补偿法》和《农业共济基金法》，进一步完善了农业灾害补偿机制。《农业灾害补偿法》制定了农作物保险计划，《农业共济基金法》强调建立农、林、渔业信用基金，以解决灾害补偿资金短缺问题。

2. 加强农业保险财政支持

根据《农业灾害补偿法》的规定，日本政府每年都在财政预算中对农业保险的补贴进行单独列支。首先是中央财政设立农业共济再保险专门账户，专门管理农户的互助保费补贴和再保险业务，财政对农户的保费补贴将直接划拨到该账户；其次是对农业共济组合、农业共济联合会等农业保险经营机构提供损害评估补贴和农业保险事业推广补贴等。另外，根据不同的农业保险费率，日本政府向农民提供40%至80%的财政保费补贴。

3. 强化农业再保险补贴

日本中央政府再保险特别会计处和地方府（县）的共济组合联合会是提供农业保险的再保险的提供者。日本在中央一级设立专门的再保险账户，在地方一级接受共济会的再保险支持，即政府为保险赔款兜底。保险对象为农作物、旱地作物、果树、牲畜、园艺设施等。以家畜保险为例，保险事故发生后，政府承担 50% 的赔偿责任，共济组合及联合会分别承担 20% 和 30% 的赔偿责任。

4. 强制农业保险投保

日本政府将稻谷、小麦、牛、马、猪和蚕茧等关系国计民生的重要种养业作物纳入法定保险和强制保险范围。根据《农业损失补偿法》的规定，在各村、镇、市建立农业互济会后，该地区所有农民只要可保农作物种植面积超过 0.1 公顷（后来调整为 0.3 公顷）的法定下限，就必须购买农业保险。日本政府通过实行强制投保的方式，既提高了农民的参保率，又使政府的补贴保持在一个合理的水平，增强了农业保险政策的实施效果。

7.3 政策建议

1. 加强农业保险法律建设，保障政策性农业保险规范运行

政策性农业保险是整个农业产业政策的重要组成部分，任何政策的实施，都需要立法先行得以保障，农业保险的发展也不例外。通过给农业保险实行补贴和其他各种财政和非财政手段支持，从而激励农民投保和保障农业保险制度的稳定性和有效性成为政府的一种必要的选择，把这种重要政策上升到立法层次是合乎逻辑的正确决策。目前我国的相关规章制度无法顺应农业保险日新月异的发展，应该借鉴国外经验，结合本国国情和实际，尽快对农业保险单独立法，将农业保险专门服务农产品贸易的理念写入法律当中，以保证预期目标的尽快达成，对农产品贸易的发展给予充分的法律保证。应从政策、制度、实务等多个方面对农业保险促进农产品贸易予以规范和要求，把已有的农业保险促进农产品贸易发展的良好经验和做法以法律条款的形式固定下来，明确政府、公司、农户在农业保险中的地位和作用，从而为农产品贸易的顺利发展提供良好的制度环境。

2. 实施差异化农业保险保费补贴政策，培育农业出口大户

一是针对不同规模的农户实行不同的农业保险保费补贴政策，针对特定对象的保费补贴政策能减少许多中间环节而提高政策实施的效率。规模化经营的农业大户是农产品出口的主要来源，应该建立和完善对农业大户的保费补贴政策，有利于提高农产品出口的稳定性和提升农产品出口竞争力。二是针对不同地区实行不同的农业保险保费补贴政策，进而实现全国福利水平的提高。中国农业灾害的地区分布有所差异，各地区遭受的农业灾害具有差异性，针对不同地区应该实行不同的政策性农业保险制度。确定当地主要的农业保险的类型，针对当年受灾严重的农产品，适当提高农业保险的赔付标准，这样也更加有利于恢复生产。三是针对不同产品实行不同的农业保险保费补贴政策。大豆是中国大宗进口的农产品，在很大程度上依赖国际市场。为缓解大豆逆差状态，政府应该给予大豆种植险更大力度的支持，增加大豆种植险的农业保险保费补贴。充分利用期货大豆价格发现功能，制订大豆收入保险方案，解决保险逐户定损测产难和道德风险问题，有效帮助农户抵御市场风险。在坚持和强化保费补贴基础政策的同时，应进一步建立和完善税费优惠、信贷支持、扶持再保险发展和巨灾防范等各项配套政策，形成综合性的农业保险政策体系。

3. 推动农业保险产品和服务创新，提升农产品出口竞争力

传统的农业保险责任主要以自然灾害、意外和疾病为主，保障水平以种子、化肥等的物化成本为主。农业生产成本除了物化成本之外，还包括劳动力成本和地租成本等。随着农业生产的发展，农业生产成本持续上涨，农产品价格更是大幅波动。特别是在目前开放的市场环境中，中国农业还面临着越来越激烈的国际竞争。因此，传统的农业保险并不能完全满足农业生产和出口的实际需求。应充分运用农业部金融支农创新项目资金等，进一步推进天气指数保险、价格指数保险和收入保险的试点工作。天气指数保险能有效地解决传统查勘定损型农业保险存在的业务难题。价格指数保险将农产品生产的市场风险纳入农业保险保障范围。收入保险更是可以在农作物产量减少或价格波动而导致投保人实际收入低于保障水平时，使其获得赔偿。收入保险责任已经涵盖农产品价格和产量波动导致的收入损失。中国农业保险产品创新空间很大，不仅要推动农业保险产品创新，更

要能使这些创新的农业保险产品成功试点并得以顺利推广。这些新型农业保险产品会有更广的覆盖面和更高的保障水平，能进一步稳定中国农产品出口贸易和提升农产品贸易竞争力。

保险公司为农业大户尽力提供更加主动及时的农业保险各项服务，促进农产品贸易发展。在保险产品理赔方面，在保足保全的基础上，通过定损标准化提高赔付效率，提升农产品出口企业的投保体验。同时还要考虑区域地理特点，在产品设计时针对不同地区进行适当调整。注重将农业保险与其他金融工具有机结合起来，支持地方政府发展和促进农业大户"保险＋信贷"和"保险＋期货"业务等。

4. 将政策性农业保险制度与农产品认证制度相结合，提高农产品出口质量

加强农产品"三品一标"认证工作有助于农产品品牌建设，提高农产品出口竞争力。积极争取建立或扩大对"三品一标"农产品政策性农业保险的扶持力度。2019年政府工作报告首次提出实施地理标志农产品保护工程，应该给予地理标志农产品实施优惠的政策性农业保险制度。除了"三品一标"农产品之外，还应该将政策性农业保险与气候品质认证相结合。该认证与气候密切相关。依据农产品品质与气候的密切关系，设置认证气候条件指标，建立认证模式，综合评价确定气候品质等级。能通过气候品质认证的农产品的品质较高，如果发生农业风险造成损失，应加大对该类农产品农业保险的赔付力度。

5. 实施特色农产品保险制度，推动特色农产品出口

2017年10月，国家发展改革委、农业部、国家林业局三部门联合印发了《特色农产品优势区建设规划纲要》，目的是鼓励地方做大做强优势特色产业。从相关政策可知，中国已经越来越重视特色农产品产业的发展。因此，为了扩大茶叶、水果、蔬菜、水产品等高附加值的特色优势农产品出口，应在国家认定的特色农产品优势区实施特色农产品保险试点工作，充分考虑试点工作的针对性和实效性，并且中央与地方政府应该在改善其要素条件与生产环境的同时给予更多的保险保费补贴，优化中国农产品出口结构，增加特色优势农产品的国际市场份额和提高其贸易竞争力，进而实现农业生产和贸易的可持续发展。

参考文献
References

[1]Shawn A. Cole and Wentao Xiong. Agricultural Insurance and Economic Development[J]. Annual Review of Economics,2017(9):235–262.

[2] 庹国柱 , 李军 . 农业保险学 [M]. 北京 : 中国人民大学出版社 ,2005.

[3] 康增奎 . 幼稚产业的选择标准及测度 [J]. 经济纵横 ,2012(10):21–25.

[4] 马国建和邢健 . 农业弱质性视角下金融精准扶贫路径研究——以戴庄村为例 [J]. 广西大学学报 (哲学社会科学版),2017(3):69–73.

[5]M. V. Posner. International Trade and Technical Change[J].Oxford Economic Papers,1961,13(3):323–341.

[6]Wyn Morgan, Bruce Morley. Causality between Exports, Productivity and Subsidies in EU Agriculture[R].Research Paper,2007.

[7]Clausing K A. The International Trade of Multinational Firms: The Empirical Behavior of Intrafirm Trade in a Gravity Equation Model. CEPS Working Document [J].International Trade, 2000(6):147.

[8]Kevin Honglin zhang. How does FDI Affect a Host Country's export performance? The case of China[J].China and the Asian Economies, 2005(3),25–26.

[9]Hideki Funatsu. Theory of Export Credit Insurance[J].International Economy,1984:37.

[10]Rienstra Munnicha Paul, Turvey Calum G, Koo Won W. A Theoretical Analysis of Economic Impacts of Export Credit Insurance and Guarantees[R]. Selected Paper prepared for presentation at the American Agricultural,2006.

[11]Chi-Chur Chao, W.L Chou, Eden S.H Yu. Export Duty Rebates and Export Performance: Theory and China's Experience[J].Journal of comparative Economics, 2001,29(2):314-326.

[12]Ramiro Iturrioz. Agricultural Insurance[R].The World Bank: Primer Series on Insurance Issue 12,2009(11):7-12.

[13]Debdatta Pal, Tamojit Mondal. Agricultural Insurance in India: Approaches and Challenges[J].International Journal of Rural Studies,2010(17):7-9.

[14] 庹国柱,李军,王国军.外国农业保险立法的比较与借鉴[J].中国农村经济,2001,(1):74-80.

[15] 冯文丽.我国农业保险市场失灵与制度供给[J].金融研究,2004(4):124-129.

[16] 王向楠.农业贷款、农业保险对农业产出的影响——来自2004—2009年中国地级单位的证据[J].中国农村经济,2011(10):44-51.

[17]Barry P J, Collins K J, Glauber J W. Crop insurance, disaster assistance, and the role of the federal government in providing catastrophic risk protection[J]. Agricultural Finance Review, 2013,62(2):81-101.

[18]Akinrinola Olumide O., Okunola Akinbode M. Evaluation of Effects of Agricultural Insurance Scheme Production in Ondo State[J].RJOAS, 2014(4):3-8.

[19] 周稳海,赵桂玲,尹成远.农业保险对农业生产影响效应的实证研究——基于河北省面板数据和动态差分GMM模型[J].保险研究,2015(5):60-68.

[20] 聂文广,黄琦.农业保险与粮食产量增长关系研究——来自31个省、市、自治区面板数据的实证分析[J].湖北农业科学,2015(16):4077-4082.

[21]Cai,H,Chen Y,Fang H.Microinsurance,Trust and Economic Development: Evidence from a Randomized Natural Field Experiment[R].NBER Working Paper,2009.

[22] 马述忠,刘梦恒.农业保险促进农业生产率了吗?——基于中国省际面板数据的实证检验[J].浙江大学学报（人文社会科学版),2016(11):131-44.

[23] 张跃华, 史清华, 顾海英. 农业保险对农民、国家的福利影响及实证研究——来自上海农业保险的证据 [J]. 制度经济学研究, 2006(2):1-23.

[24] 梁平, 梁彭勇, 董宇翔. 我国农业保险对农民收入影响的经验研究 [J]. 管理现代化, 2008(1):46-48.

[25] 孙朋, 陈盛伟. 山东省农业保险与农民收入关系的实证分析 [J]. 山东农业大学学报 (社会科学版),2011(9):82-87.

[26] 余新平, 熊皛白, 熊德平. 中国农村金融发展与农民收入增长 [J]. 中国农村经济, 2010(6):77-86.

[27] 张建军, 许承明. 农业信贷与保险互联影响农户收入研究——基于苏鄂两省调研数据 [J]. 财贸研究, 2013(5):55-61.

[28] 周稳海, 赵桂玲, 尹成远. 农业保险发展对农民收入影响的动态研究——基于面板系统 GMM 模型的实证检验 [J]. 保险研究, 2014(5):21-30.

[29] 祝仲坤, 陶建平. 农业保险对农户收入的影响机理及经验研究 [J]. 农村经济, 2015(2):67-71.

[30]OECD. Risk Management in Agriculture: What Role for Government?[R] www.oecd.org/agriculture,2011.

[31]Smith, Vincent H., Glauber, Joseph W. Agricultural Insurance in Developed Countries: Where Have We Been and Where Are We Going?[J]. Applied Economics Perspectives and Policy,2015,34(3):363-390.

[32]Gabor Kemeny,Tibor Varga,Jozsef Fogarasi,Kristof Toth. The Development of Hungarian Agricultural Insurance System[J].Research Institute of Agricultural Economics,2012:37-46.

[33]Sara landini.Agricultural Risk and Its Insurance in Italy[R].Professional paper,2015(2):8-10.

[34]Tung Dang Nguyen,Anh Huu Le,Oanh Quoc Nguyen.The Involvement of Governments in the Development of Agricultural Insurance[J].International Journal of Economics, Commerce and Management.2015(6):793-802.

[35] 庹国柱. 略论农业保险的财政补贴 [J]. 经济与管理研究, 2011(4):80-85.

[36] 冯俭, 张立明, 王向楠. 农业保险需求的影响因素及财政补贴调节

效应的元分析 [J]. 宏观经济研究 , 2012(1):60–66.

[37] 段文军 , 袁辉 . 政策性农业保险的财政补贴调节效应分析——以湖北省为例 [J]. 农业经济问题 ,2013(1):39–42.

[38] 肖卫东 , 张宝辉 , 贺畅 , 杜志雄 . 公共财政补贴农业保险 : 国际经验与中国实践 [J]. 中国农村经济 ,2013(7):13–23.

[39]Innes. Crop Insurance in a Political Economy: An Alternative Perspective on Agricultural Policy[J].A merican Journal of Agricultural Economics, 2003,85(2):318–335.

[40] 王红 , 吴蔚玲 , 刘纯阳 . 中国农业政策性金融支农效果分析——基于 30 个省 2005—2009 年数据 [J]. 湖南农业大学学报 (社会科学版),2013(8):10–15.

[41] 聂荣 , 闫宇光 , 王新兰 . 政策性农业保险福利绩效研究——基于辽宁省微观数据的证据 [J]. 农业技术经济 ,2013(4):69–76.

[42] 代宁 , 陶建平 . 政策性农业保险对农业生产水平影响效应的实证研究——基于全国 31 个省份面板数据分位数回归 [J]. 中国农业大学学报 ,2017,22(12):163–173.

[43] 袁辉 , 谭迪 . 政策性农业保险对农业产出的影响效应分析——以湖北省为例 [J]. 农村经济 ,2017(9):94–100.

[44] 张小东 , 孙蓉 . 农业保险中央财政保费补贴政策对农民收入的影响研究——基于 2003—2012 年省级面板数据分析 [C].2015 第 8 届中国保险教育论坛会议论文集 .

[45] 卢飞 , 张建清 , 刘明辉 . 政策性农业保险的农民增收效应研究 [J]. 保险研究 ,2017(12):67–78.

[46]Claudio Paiva. Assessing Protectionism and Subsidies in Agriculture: A Gravity Approach[J].IMF Working Paper,2005(1):1–18.

[47]Nicolas Peridy. The Trade Effects of the Euro–Mediterranean Partnership: What Are the Lessons for ASEAN Countries[J]. Journal of Asian Economics,2005(1):125–139.

[48]Assem Abu Hatab, Eirik Romstad,Xuexi Huo. Determinants of Egyptian Agricultural Exports: A Gravity Model Approach[J].Modern

Economy,2010(1):134–143.

[49] 孙华平. 中国与南非农产品贸易实证研究 [J]. 社会科学家 ,2013(11):51–54.

[50]Sangwook Nam,Hyunboc Lee,Seungjae Choi.Effect of Trade Credit Insurance on Foreign Trade[J].Journal of Korea Trade,2015,1–22.

[51] 宋海英. 中国—拉美农产品贸易的影响因素：基于引力模型的实证分析 [J]. 农业经济问题 ,2013(3):74–78.

[52] 谭晶荣. 中国对丝绸之路经济带沿线国家农产品出口贸易决定因素分析 [J]. 农业经济问题 ,2015(11):9–1.

[53] 张彤璞 , 韩洋. 中国与丝绸之路经济带国家农产品贸易影响因素及潜力研究 [J]. 商业研究 ,2017(4):169–177.

[54] 李文霞 , 杨逢珉. 中国对"海上丝绸之路"沿线国家农产品出口的影响因素及潜力研究 [J]. 现代经济探讨 ,2017(11):69–77.

[55] 朱晶 , 毕颖. 贸易便利化对中国农产品出口深度和广度的影响——以"丝绸之路经济带"沿线国家为例 [J]. 国际贸易问题 ,2018(4):60–71.

[56] 刘昭洁 , 蓝庆新 , 崔鑫生. 贸易便利化对中国出口贸易的影响——基于贸易引力模型的实证分析 [J]. 现代经济探讨 ,2018(5):54–61.

[57]Guedae Cho,Minkyoung Kim,Edwin Sun.Nominal Exchange Rate Misalignment: Is it Particularly Important to Agricultural Trade?[J].Agribusiness and Applied Economics Report, North Dakota State University,2003(8):1–16.

[58]Mathew Shane, Terry Roe, Agapi Somwaru. Exchange Rate, Foreign Income and US Agriculture[J].Agricultural & Resource Economics Review, 2016(9).

[59] 刘荣茂 , 黄丽. 欧元汇率变动及对我国对欧农产品出口贸易的影响研究 [J]. 农业技术经济 ,2014(3):83–88.

[60]John S. Wilson,Tsunehiro Otsuki.To Spray or not to Spray: Pesticides, Banana Exports, and Food Safety[J].Food Policy ,2004:131–146.

[61]Tsunehiro Otsuki,John S. Wilson,Mirvat Sewadeh. A Race to the Top? A Case Study of Food Safety Standards and African Exports[J].World Bank working paper. 2016, (10):1–19.

[62]Jozsef Fogarasi.Hungarian and Romanian Agri-Food Trade in the European Union[J].Management,20083(1):3-13.

[63] 杨逢珉 , 李晶 . 中国对日农产品出口的增长因素研究——基于 CMS 模型的实证分析 [J]. 国际商务研究 ,2017(6):38-47.

[64] 张兵 , 刘丹 . 美国农产品出口贸易的影响因素分析——基于恒定市场份额模型测算 [J]. 国际贸易问题 ,2012(6):49-60.

[65] 司伟 , 黄春全 , 王济民 . 中日韩农产品贸易影响因素及分解 [J]. 农业经济问题 ,2012(11):16-21.

[66] 高道明 , 田志宏 . 中国农产品出口增长的影响因素研究 :1995-2013[J]. 经济问题探索 ,2015(1):167-172.

[67]Hummel, Klenow. The variety and Quality of a Nation's Exports[J]. American Economic Review,2005,126(3):112-129.

[68] 钱学锋 , 熊平 . 中国出口增长的二元边际及其因素决定 [J]. 经济研究 ,2010,45(1):65-79.

[69] 陈勇兵 , 陈宇媚 , 周世民 . 贸易成本、企业出口动态与出口增长的二元边际——基于中国出口企业微观数据 :2000—2005[J]. 经济学 (季刊),2012(4):1478-1502.

[70] 谭晶荣 , 刘莉 , 王瑞 , 叶婷婷 . 中越农产品出口增长的二元边际分析 [J]. 农业经济问题 ,2013(10):140-147.

[71] 耿献辉 , 张晓恒 , 周应恒 . 中国农产品出口二元边际结构及其影响因素 [J]. 中国农村经济 ,2014(5):36-50.

[72] 袁德胜 , 朱小明 , 曹亮 . 中国农产品出口增长的二元边际——基于引力模型的实证研究 [J]. 宏观经济研究 ,2014(7):42-50.

[73] 谭晶荣 , 童晓乐 , 屠行程 . 中国 31 个省市区农产品出口扩展边际及影响因素分析 [J]. 国际贸易问题 ,2016(1):38-48.

[74] 杨逢珉 , 韦灵慧 . 中国扩大对印度尼西亚农产品出口影响因素研究——基于二元边际分解的 VAR 模型分析 [J]. 商业研究 ,2016(11):82-90.

[75] 陈林 , 彭婷婷 , 吕亚楠 , 张亮 . 中国对 "一带一路" 沿线国家农产品出口——基于二元边际视角 [J]. 农业技术经济 ,2018(6):136-144.

[76] 黄杰 , 刘成 , 冯中朝 . 中国对 "一带一路" 沿线国家农产品出口增

长二元边际及其影响因素分析中国农业大学学报 [J].2018,23(12):187-199.

[77]Maria Sassi. The Competitiveness of Agriculture Products in the World Trade THE Role of the European Union[J].International Conference, Agriculture Policy and the WTO: Where Are We Heading?[A]Capri(Italy),2003(7):23-26.

[78] 许统生 . 中国农产品的国际竞争力分析 [J]. 江西财经大学学报 ,2001(3):97-103.

[79] 帅传敏 , 程国强 , 张金隆 . 中国农产品国际竞争力的估计 [J]. 管理世界 ,2003(1):97-103.

[80] 李岳云 , 吴滢滢 , 赵明 . 入世 5 周年对我国农产品贸易的回顾及国际竞争力变化的研究 [J]. 国际贸易问题 ,2007(8):67-72.

[81] 宗成峰 . 中国农产品国际竞争力的评价 [J]. 中南财经政法大学学报 ,2007(4): 50-53.

[82] 李停 , 丁家云 . 结构优化对我国农产品出口竞争力的影响 [J]. 华南农业大学学报 ,2016(6):83-92.

[83] 孙立芳 , 陈昭 . "一带一路" 背景下经济开放度如何影响农产品国际竞争力 : 来自 RCEP 成员国的证据 [J]. 世界经济研究 ,2018(3):81-94.

[84] 李强 . 农业补贴对中国农产品国际竞争力的影响 [J]. 改革与战略 ,2015(11):100-103.

[85] 李建萍 , 乔翠霞 . 农业补贴对农产品国际竞争力的影响——基于 OECD 数据库的实证研究 [J]. 农业技术经济 ,2018(1):59-65.

[86] 杜强 . 国际农产品贸易中的绿色壁垒影响及其对策——以福建农产品出口为例实证研究 [J]. 福建论坛 (人文社会科学版),2009(9):129-132.

[87] 丁长琴 . 农产品绿色贸易壁垒的影响及对策探析 [J]. 农业经济问题 ,2010(5): 96-99.

[88] 顾和军 . 农业税减免、粮食直接补贴政策对我国主要农产品国际竞争力的影响 [J]. 国际贸易问题 ,2008(8):42-48.

[89] 杜辉 , 胡振虎 . 中国农村人口转移、农业国际竞争力与惠农政策调整 [J]. 农村经济 , 2017(11):6-12.

[90] 李谷成 , 郭伦 , 高雪 . 劳动力成本上升对我国农产品国际竞争力的影响 [J]. 湖南农业大学学报 (社会科学版),2018(10):1-10.

[91] 朱应皋,金丽馥.中国农业国际竞争力实证研究 [J].管理世界,2006(6):145–146.

[92] 王晰,兰勇.基于钻石模型的区域农业国际竞争力研究——以湖南省为例 [J].国际贸易问题,2007(3):53–58.

[93] 黄祖辉,王鑫鑫,宋海英.浙江省农产品国际竞争力的影响因素——基于双钻石模型的对比分析 [J].浙江社会科学,2010(9):19–27.

[94] 纪良纲,米新丽.农产品国际竞争力提升研究——基于农产品供应链视角 [J].河北经贸大学学报,2017(11):49–54.

[95] 徐祺娟,叶善文."绿箱"政策对我国农产品贸易影响的相关分析 [J].宁波大学学报(人文版),2005,18(6):125–130.

[96] 熊德平,余新平,俞立平.中国农村金融发展与农产品对外贸易研究——1982—2009 年数据的协整检验和格兰杰因果分析 [J].沈阳农业大学学报(社会科学版),2011,13(6):652–658.

[97] 熊德平,余新平,熊皛白.中国农村金融效率与农产品对外贸易——基于 1982—2009 年数据的协整检验和格兰杰因果分析 [J].中国软科学,2011(10): 36–45.

[98] 陈华容.中国农村金融发展与农产品对外贸易关系研究——基于 1978–2008 年总量数据的实证分析 [D].宁波大学,2009.

[99]Shukun Wang,Yanhua Zeng.An Analysis of the Impact of Guangxi Agricultural Finance, Loan and Insurance on the Trade between Guangxi and CAFTA[J].EDP Sciences,2014.

[100] 齐皓天,徐雪高,朱满德等.农业保险补贴如何规避 WTO 规则约束：美国做法及启示 [J].农业经济问题,2017(7):101–109.

[101]JW Glauber. Agricultural Insurance and the World Trade Organization[J]. Ifpri Discussion Papers,2015.

[102]James J. Heckman,Hidehiko Ichimura and Petra E. Todd. Matching as an Economic Evalutation Estimator: Evidence from evaluating a Job Training Program[J]. Review of Economic Studies,1997.64(4):604–654.

[103] 胡日东,林明裕.双重差分方法的研究动态及其在公共政策评估中的应用 [J].财经智库,2018,3(3):84–111.

[104]Rosenbaum,P.R.&D.B.Rubin.The Central Role of the Propensity Score in Observational Studies for Causal Effects[J]. Biometrika,1983,70(1):44–45.

[105] 左思明.自贸区建设对外商投资的影响——基于倾向匹配和双重差分法 [J]. 制度经济学研究 ,2018(2):215–228.

[106] 付小鹏,梁平.政策性农业保险试点改变了农民多样化种植行为吗 [J]. 农业技术经济 ,2017(9):66–79.

[107] 林毅夫,沈明高.关于我国农业科技投入的选择 [J]. 科学学研究 ,1991(3):90–95.

[108] 王业雯,陈林.混合所有制改革是否促进企业创新 ?[J]. 经济与管理研究 ,2017(11):112–121.

[109] 陈强.高级计量经济学及 STATA 应用 (第 2 版). 北京 : 高等教育出版社 ,2014.

[110]Rema Hanna,Paulina Oliva. The effect of pollution on labor supply: evidence from a natural experiment in Mexico City[J].Journal of Public Economics,2015,122(10): 68–79.

[111] 罗知,赵奇伟,严兵.约束机制和激励机制对国有企业长期投资的影响 [J]. 中国工业经济 ,2015(10):69–84.

[112] 刘蔚,孙蓉.农险财政补贴影响农户行为及种植结构的传导机制——基于保费补贴前后全国面板数据比较分析 [J]. 保险研究 ,2016(7):11–24.

[113]J.Tinbergen.Shaping the World Economy: Suggestions for an International Economic Policy. Twentieth Century Fund, New York, 1962.

[114]P. Poyhonen. A tentative model for the volume of trade between countries. Weltwirtschaftliches Archive, 1963,90, 93–100.

[115] Anderson JE.A theoretical foundation for the gravity equation[J].The American Economic Review,1979,69(1):106–116.

[116]Bergstrand,Jeffrey, The gravity equation internationanl trade: some micronomic foundationas and empirical evidence,review of economics and statistics, 1985,Vol.67,No.3,474–481.

[117]Anderson,J.E, Van Wincoop,E.Gravity with gravitas: A solution to the border puzzle[J].American economic review,2003(1):170–192.

[118] 马惠兰 , 李凤 , 叶雨晴 . 中国新疆与上合组织国家农产品贸易潜力研究——基于贸易引力模型的实证分析 [J]. 农业技术经济 ,2014(6):120–126.

[119]Ashenfelter O, Card D. Using the Longitudinal Structure of Earnings to Estimate the Effect of Training Programs[J].Review of Economics and Statistics, 1985,67(4).

[120] 周黎安 , 陈烨 . 中国农村税费改革的政策效果 : 基于双重差分模型的估计 [J]. 经济研究 ,2005(8):44–53.

[121] 张军 , 吴桂英 , 张吉鹏 . 中国省际物质资本存量估算 :1952–2000[J]. 经济研究 ,2004(10):35–44.

[122] 吴方卫 . 我国农业资本存量的估计 [J]. 农业技术经济 ,1999(6):34–38.

[123] 王劲屹 . 农村金融发展、资本存量提升与农村经济增长 [J]. 数量经济技术经济研究 ,2018(2):64–81.

[124] 张跃华 , 庹国柱 , 符厚胜 . 市场失灵、政府干预与政策性农业保险理论——分歧与讨论 [J]. 保险研究 ,2016(7):3–10.

[125] 刘瑞明 , 赵仁杰 . 国家高新区推动了地区经济发展吗？——基于双重差分方法的验证 [J]. 管理世界 ,2015(8):30–38.

[126]Thomas Chaney.Distorted Gravity: The Intensive and Extensive Margins of International Trade[J].American Economic Review, 2008(9):30–38.

[127]Marc J. Melitz. The Impact of Trade on Intra–Industry Reallocations and Aggregate Industry Productivity[J].Econometrica,2003,71(6):1695–1725.

[128] 李秀香 , 冯馨 . 加强气候品质认证 , 提升农产品出口质量 [J]. 国际贸易 ,2016(7):32–37.

主要科研成果

一、发表论文情况

1. 中国出现生物入侵加剧的原因及其防范问题探讨——从国际贸易视角 [J]. 对外经贸实务 ,2012(8):32–35. 独撰

2. 中国实施 WTO/SPS 措施的现状与启示——以防范生物入侵为例 [J]. 世界农业 ,2013(7):159–37. 独撰

3. 中国手机出口面临的挑战及对策分析 [J]. 对外经贸实务 ,2015(8):55–58. 独撰

4. 加强气候品质认证，提升农产品出口质量 [J]. 国际贸易 ,2016(7):32–37. 第二作者

5. 地理标志与农产品出口贸易增长——基于省际面板数据的实证分析 [J]. 商业经济研究 ,2018(6):120–126. 独撰

二、撰写著作情况

参与撰写《向特色优势要竞争力——江西特色优势及竞争力研究》，江西人民出版社，主编：何建辉，2016 年 11 月，撰写第三章

三、完成课题情况

1. 主持完成江西省教学改革课题：项目驱动式教学方法在《国际商务函电》精品课程中的研究与建设，2014 年结题

2. 主持完成江西省高校人文社会科学项目：国际贸易视角下生物入侵及其防范问题研究，2014 年结题

3. 主持完成江西省高校人文社会科学项目："一带一路"背景下江西省中医药产业竞争力评估和"走出去"战略研究，2018 年结题

4. 参与完成江西省社科规划"十三五"项目：打造美丽中国"江西样板"生态文明样板标准体系研究，2017 年结题，排名第二

5. 参与完成江西省社科规划"十三五"项目：江西环境资源保护面临的形势、困境与对策研究，2018 年结题，排名第二

后　记
Postscript

　　经过近两年的努力，终于完成了《中国政策性农业保险对农产品出口的影响研究》的写作工作。

　　在书稿付梓之时，首先要万分感谢我的导师李秀香教授对我的言传身教。李老师在工作中认真负责，在学术上严谨细致，一直是我学习的楷模。李老师在思想上引领我，从行动上教育我，处处为学生考虑，真正做到了"润物细无声"的教育。

　　衷心感谢江西财经大学胡援成教授和陈和潮老师对我的关心，感谢许统生教授和袁红林教授对我的专业指导。

　　本书能够得到资助并顺利出版，衷心感谢九江学院经济与管理学院项益才院长等相关领导和同事的大力帮助。

　　衷心感谢中国商务出版社编辑部门的辛勤付出，使得本书能够顺利出版。

　　也要感谢在身后默默支持我的亲人们给我的支持和关爱。感谢父母多年的养育之恩，感谢他们帮我照顾小孩，使我在写作时没有任何后顾之忧，能够全身心地投入研究和写作。

　　农产品出口和政策性农业保险作为两大研究领域，所涉内容颇多，十几万字无法研究透彻，加上本人才疏学浅，对很多问题的认识有限，如有错误或不妥之处，敬请读者赐教和指导。

　　政策性农业保险目前在中国虽处于探索期但意义重大。2019 年 5 月 29 日，中央全面深化改革委员会第八次会议审议并原则同意《关于加快农业保险高质量发展的指导意见》，为我今后的研究工作提供了较好的思路和方向。"路漫漫其修远兮，吾将上下而求索。"我将在学术的道路上继续前行，取得更多的成果。

冯　馨

2019 年 11 月